Maryse Vaillant

Il n'est jamais trop tard pour pardonner à ses parents

EdLM

Il n'est jamais trop tard pour pardonner à ses parents

Il n'est jamais trop tard pour...
Une collection dirigée par Muriel Hees

DANS LA MÊME COLLECTION

Luce Janin-Devillars
Il n'est jamais trop tard pour... changer sa vie

Jean-Pierre Winter
Il n'est jamais trop tard pour... choisir la psychanalyse

DU MÊME AUTEUR

La Réparation, de la délinquance à la découverte de la responsabilité, Gallimard, coll. « Sur le champ », 1999.

Action éducative spécialisée en placement familial, L'Harmattan, 1999.

L'Adolescence au quotidien. De quelques principes utiles à l'usage des parents, Syros, 1997.

De la dette au don. La réparation pénale à l'égard des mineurs, ESF Éditeur, 1994

Photographie de couverture : F. Charel/Hoa-Qui
Connectez-vous sur : www.lamartiniere.fr

Conception graphique : rampazzo.com

Les témoignages reproduits dans cet ouvrage sont réels. Seuls les noms ont pu être changés pour des raisons de protection de la vie privée des personnes.

Sommaire

INTRODUCTION

Le pardon filial, une question individuelle qui engage l'humanité tout entière

Il n'est jamais trop tard pour pardonner à ses parents. Derrière l'affirmation se profilent des questions : qu'est-ce que le pardon ? Quelle est la spécificité du pardon filial ? Peut-on tout pardonner ? Y aurait-il un moment pour pardonner ?

Face à une problématique de cette ampleur, la position juste, pour la clinicienne que je suis, est d'interroger ceux que la question concerne. En effet, ni philosophe, ni sociologue, ni moraliste, je ne puis disserter sur le pardon en général, mais je peux parler de ceux qui pardonnent à leurs parents, de ceux qui tentent de le faire ou de ceux qui s'y refusent. C'est sur leur perception du pardon filial que j'ai travaillé, sur les nécessités de leurs propres urgences, sur les limites de leur désir ou leur capacité à pardonner. Peut-être ce contexte nous éloignera-t-il parfois du sens que donne Vladimir Jankélévitch [1] au vrai et pur pardon : un devoir, une volonté, un don gratuit. Reconnaissant avec lui qu'un tel pardon est difficile à saisir tant il se trouble souvent de grains de rancune, de spéculations ou de ressentiment, nous observe-

1. Vladimir Jankélévitch, *Le Pardon*, Aubier-Montaigne, coll. « Les grands problèmes moraux », 1967, p. 47.

rons le pardon à travers les altérations qui en affectent la clarté.

« Plus le pardon est impur et opaque, plus il se prête à la description. » Cette affirmation du philosophe convient à la clinicienne, peu experte à observer la transparence des choses humaines.

Les sources et les témoignages

Pour écrire ce livre, j'ai recueilli de nombreux témoignages dans mon entourage proche et par l'intermédiaire de Muriel Hees [1]. Ce ne fut pas difficile, tout le monde semblait avoir à dire sur le sujet. Ce matériel extraordinaire fut rassemblé autour d'une même question : « Il n'est jamais trop tard pour pardonner à ses parents : qu'en pensez-vous ? »

La variété des styles, des histoires, des anecdotes atteste de la diversité des sources. Les témoignages et les confidences rassemblés vont du plus véniel au plus grave sans que j'aie jamais eu besoin de consulter un dossier professionnel [2]. Toutefois, il m'arrivera de mentionner quelques enfants blessés qui ne peuvent témoigner. Je citerai alors des textes déjà écrits par des professionnels et publiés. La raison en est simple : cet ouvrage n'est pas une recherche sur la question du pardon, il n'en a ni les outils méthodologiques, ni la forme, ni l'ambition. Or, comme il n'a

---

1. Muriel Hees est productrice d'une émission sur Europe 1 qui a engagé le débat autour de la question du pardon avec des auditeurs ayant accepté que leurs témoignages soient retenus dans cet ouvrage.
2. Je suis chargée de mission à la Protection judiciaire de la jeunesse.

d'autre légitimité que d'avoir été confié à une psychologue spécialisée dans les blessures d'enfance, il est marqué de la même éthique qui interdit d'utiliser une histoire de vie à l'insu de son auteur.

Je reste toutefois fortement imprégnée des groupes de parole et de formation où des praticiens de l'enfance consolident leur savoir-faire et confrontent leurs expériences professionnelles. Je ne peux oublier ce qu'ils m'ont dit, ce qu'ils ont confié au groupe, ce qu'ils m'ont révélé. Nous en retrouverons l'écho, ici et là, dans les exemples qui illustrent mes propos.

La densité et l'abondance des témoignages trouvent une explication dans une réflexion que m'a faite Claire [1] en m'adressant son récit : « Je veux témoigner, pour que cela se sache ; pour que s'inscrive quelque part le fait que les parents n'ont pas tous les droits. »

Voilà pourquoi je dédie ce livre à tous ceux qui m'ont confié un fragment de leur vie et à tous ceux qui le liront et qui auraient pu l'écrire.

Que pardonne-t-on à ses parents ?

La première difficulté va donc consister à associer les mots « pardon » et « parent » pour tenter non pas de définir le pardon filial mais de repérer sur quoi il peut porter. Que pardonne-t-on à ses parents ? La question est difficile au point de provoquer chez l'interlocuteur une sorte de gêne, un temps de recul, comme si cette interrogation relevait d'une

---

1. Claire, trente-trois ans ; voir son témoignage p. 178.

forme d'inconvenance. Toucherait-elle à nos tabous sociaux, à ces voiles de morale qui font se dérober la pensée ? Nos parents nous ayant donné la vie, nous leur devons tout : aucun pardon ne peut être pensé objectivement, diront les uns ; pour cette même raison, le pardon est obligatoire, diront les autres. Tout pardonner ou ne rien vouloir savoir du pardon, est-ce si différent ? Dans la singularité d'une relation filiale, la gratitude et le pardon entretiendraient-ils des liens tels qu'on ne pourrait les dissocier ?

Peut-on juger ses parents ? rétorquent les timorés. En a-t-on le droit ? Ne peut-on leur en vouloir sans les juger ? répondent les vindicatifs. Et si on ne peut pardonner, comment se venger ? Quelles représailles est-il possible d'exercer ? C'est que le pardon aux parents touche à la dimension symbolique de l'ordre des générations et qu'il ne peut être abordé sans qu'il soit tenu compte de la puissante et nécessaire dissymétrie des places de chacun. Même si la beauté du pardon, sa puissance et sa grâce consistent à donner à celui qui pardonne la force de s'extraire de son drame, le pardon des enfants ne peut les déloger de la trame générationnelle. Ainsi, bien au-delà des enjeux personnels, la question touche une problématique sociale et culturelle large et prend l'allure d'un véritable débat de société. Elle rappelle combien les déficits culturels qui accompagnent la transmission et l'héritage pèsent sur un grand nombre de jeunes. Pardonner, c'est beaucoup demander à celui qui souffre. Pardonner à ses parents devient une invitation impossible, voire cruelle, pour celui qui partage avec eux le poids écrasant de l'histoire familiale. Ainsi, par exemple, certains jeunes ont perdu les repères familiaux classiques et ne savent comment s'inscrire dans l'histoire de leurs ancêtres. La gloire ou tout simplement l'honneur de ceux-ci a pâli au gré des aléas de la colonisation et des diverses politiques d'immigration. Le modèle patriarcal n'est plus le seul modèle de référence. Lorsque le chômage s'ajoute au déclin du rôle social du père et, parfois, à l'exil, comment les fils pourraient-ils pardonner ce qu'ils n'osent encore reprocher et qui fait souffrir les uns autant que les autres ? Cette question pourrait permettre de porter un regard différent sur la violence dans les banlieues. Les manifestations de rage sont souvent des signes de la déshérence qui marque des générations de jeunes privés d'histoire familiale, spoliés de leur patrimoine culturel et religieux, contraints de s'inventer un passé imaginaire. L'espace familier de la cité, les copains, la bande viendront représenter pour eux le territoire à défendre, les valeurs à protéger. Sans la dignité d'un passé à respecter ou à rejeter, nul ne peut construire son avenir. Comment entendre le pardon filial hors du contexte social ? C'est une question difficile : le pardon filial individuel s'inscrit dans une histoire familiale, dans un contexte culturel. Qui peut pardonner à son père ce qu'il n'est pas en droit de lui reprocher ? Plus généralement, la question du pardon filial paraîtra toujours prématurée à ceux qui ne savent comment aborder l'histoire sociale et culturelle de leurs aïeux.

Si on ne peut tout connaître, faut-il alors pardonner à ses parents sans savoir ? Pardonner par principe ? Pardonner a priori, pour ne pas prendre le risque du reproche ? L'effet paradoxal d'un pardon trop facile, concédé par avance, serait d'appeler tolérance ce qui n'est que lâcheté, désintérêt, repli sur soi. Pardonner à ses parents ne peut signifier effacer, annuler ou ignorer ce qu'ils ont fait ou laissé faire. Ce qui est fait est fait. Dans ce pardon comme dans tout autre pardon, il importe d'écarter tout risque d'indulgence démagogique qui ferait consentir aux bons sentiments lénifiants, au pardon accordé par mansuétude aveugle, par peur du conflit ou des larmes, par stratégie ou par politique. En effet, si la question du pardon aux parents provoque tant d'émois, c'est qu'elle prend rapidement la valeur, puissante, d'un enjeu collectif, générationnel : au-delà des cas particuliers, le pardon rejoint les questions de la filiation, de la transmission, et plus généralement de l'humaine condition. Pardonner est un acte grave qui suppose réflexion et maturité.

Qu'est-ce que le pardon ?

La notion de pardon s'inscrit dans des champs complexes – moral, religieux, philosophique, juridique et anthropologique – qu'il ne nous est possible ni d'ignorer ni de maîtriser [1]. Le pardon a une valeur individuelle qui dépend de l'histoire personnelle, familiale, culturelle, religieuse de chacun. Il incarne des valeurs collectives et politiques lorsqu'il prend la forme de la repentance ou de l'amnistie. Exigence éthique, il pose la question de la liberté, du respect et de la tolérance. Nécessité historique, il permet à l'humanité de ne pas oublier ses crimes. C'est un acte, le geste qui s'accorde ou se refuse, la requête qui se

1. Olivier Abel, « Le pardon, briser la dette et l'oubli », *in* revue *Autrement*, n° 4, avril 1991.

demande ou se supplie, l'événement qui marque l'histoire d'une vie. C'est également un fait culturel, anthropologique, qui circule comme l'obligation du don et de l'échange généralisé.

Le pardon est associé à l'oubli dont il se démarque, au travail de deuil qu'il lui arrive de faciliter, à la dette qu'il permet d'acquitter, au souvenir qu'il apaise, aux excuses sur lesquelles il s'appuie parfois. Il s'inscrit dans le registre de la faute, du péché, de l'offense et du crime, et renvoie aux notions d'absolution, de rémission, d'indulgence, sur fond de sanction et de réparation. Associé chez le « fautif » à l'idée de remords et de regret, il arrête les poursuites, la vengeance et les représailles ou succède à la punition, entérinant son effet. Il s'appuie sur la conscience malheureuse du coupable, sur la volonté de l'offensé de lui vouloir du bien. Il est « l'acte positif, grâce auquel la victime se souvient du crime et décide pourtant de ne pas en tenir compte dans ses relations avec le coupable. Il faut se souvenir de la faute pour pardonner et pour la transcender. Si on l'oublie, on ne peut la pardonner [1]. »

Le pardon se pense, se demande, s'accorde ou se refuse dans un contexte qui fait lien entre une victime et un auteur, un accusé et un coupable. Se pose toujours la question de savoir qui nomme la faute et qui la reconnaît, et celle de savoir comment se construit l'équation qui réunira crime et pardon.

---

1. Armand Abécassis, « L'acte de mémoire », *in* revue *Autrement*, *op. cit.*

Pardon et filiation

Nul n'aimerait que son fils le juge. Se pose donc la question de la légitimité du pardon filial : de quel droit ? En fait, il apparaît assez rapidement que nul ne peut ni accorder ni contester le droit au pardon à quiconque ; la relation au parent échapperait-elle à la règle ? Or, une autre question survient : faut-il avoir souffert de ses parents pour vouloir leur pardonner ? Ou encore : la souffrance donne-t-elle un droit supplémentaire, si ce n'est au jugement, du moins au pardon ?

Beaucoup pensent qu'envisager le pardon aux parents déforme la perspective de la dette filiale et fausse le problème de la loyauté et de la gratitude interfamiliales. Pour ceux-là, il conviendrait plutôt de reconnaître ce que chacun doit à la génération précédente, de ne pas oublier les efforts, le dévouement, voire les sacrifices que les parents consentent pour élever leurs enfants, de centrer l'étude sur la dette et sur la transmission, sur l'héritage et sur l'inscription générationnelle de l'identité. En effet, nul ne peut vivre sans reconnaître la dette qu'il a contractée non seulement envers ses géniteurs mais aussi auprès de chacune des lignées qui l'ont précédé ; il doit la reconnaître et s'en libérer. S'en acquitter, la travailler, la transformer, l'user dans des échanges de solidarité et d'alliance. À l'époque de la Convention des droits de l'enfant et des émois qu'elle suscite chez les tenants d'un ordre familial bien établi, on m'exhorte à ne pas forcer une fois de plus sur la faute des pères ; il serait plus sage de rappeler les enfants au devoir, surtout quand trop de familles en difficulté sociale, économique et culturelle sont renvoyées injustement à une prétendue démission éducative. La question du pardon des enfants ne vient-elle pas pourtant confirmer qu'il y a eu faute ?

Pour dégager le pardon de la faute, il nous faut le situer au cœur des péripéties identitaires de celui qui doit démêler les fils de son histoire. Le pardon est alors un des fondements de la généalogie : pour devenir parent, il faut pouvoir assumer sa filiation, dettes et créances, dols et promesses. On ne devient parent qu'en accordant clémence et indulgence à ceux qui nous ont précédés. En effet, on peut arguer que pardonner à ses parents, c'est l'affaire de tout le monde. C'est, dégagé de tout jugement, douleur ou faute, le chemin obligé de la maturité. Tout enfant aimant est amené à comprendre, excuser, voire absoudre ceux qui n'ont pas été à la hauteur de son attente, de son amour. C'est même un chemin de maturation des plus ordinaires. L'attachement premier nécessaire à la survie du nouveau-né et à la naissance de sa vie psychique promet plus qu'il ne tient. De l'amour absolu, qui voudrait combler tous les besoins du nourrisson, à l'art d'aimer un adolescent dans la distance et le tact, c'est toute l'aventure structurelle, affective et éducative de la parentalité qui se cherche dans la difficulté parfois, dans la singularité toujours. Grandir, c'est non seulement accorder à ses parents le droit à l'erreur, c'est aussi vivre les mille petits manques de la vie, dépasser les griefs et les reproches, assumer sa part de défaillance. Les parents ne peuvent combler leurs enfants, ni leur épargner les épreuves ; ils ne peuvent, dans le meilleur des cas, que leur apprendre à dépasser ces souffrances sans s'y épuiser. Devenir adulte, c'est donc être amené, un jour ou l'autre, à se poser la question de sa dette et de ses rancœurs et à se libérer de l'une comme des autres. Pardonner à ses parents, c'est les acquitter et poursuivre sa route. Il ne s'agit pas d'oublier les traces ou les marques de la vie qu'ils ont esquissée pour leurs enfants, mais de leur signifier que le relais est pris. Seraient alors en question les torts des uns, la vulnérabilité et la fragilité des autres, tout autant que la capacité de compréhension et de tolérance de chacun. Pardonner à ses parents serait une tâche individuelle laissée à l'appréciation de chacun.

Peut-on tout pardonner ?

Pardonner à ses parents est toutefois impossible pour certains. Celui qui porte dans sa chair et dans son âme une blessure qui ne guérit pas peut-il pardonner l'impardonnable ?

Le pardon dépend-il de la gravité de la faute, du statut du coupable, de la capacité du pardonneur ou de sa relation au fautif ? Ces questions provoquent le vertige qui entoure toute analyse du pardon ; elles prennent même une allure singulièrement pressante dans le domaine des liens de filiation et des relations affectives, voire passionnelles, qui s'y nouent. Les parents sont-ils pardonnables des infamies qu'ils font subir parfois à leur enfant ? Pour rester dans l'espace clinique des témoignages qui donnent sa consistance à notre étude, nous laisserons répondre les personnes concernées, en donnant à chacune d'elles la latitude de définir les limites et les conditions de son propre pardon. Pour certains, il s'agira de maturité et de compréhension. Avec la maturité arrive le jour où les parents sont enfin compris et excusés. Leurs torts et leurs manquements se diluent dans l'imperfection des choses humaines. Tolérance et indulgence filiales, le pardon serait alors une affaire de famille. D'autres insistent sur la démarche personnelle de celui qui pose l'acte de pardon sur ses blessures pour se libérer de l'emprise d'une vindicte mortifère. Courage intime, le pardon serait alors une affaire strictement individuelle. D'autres encore mettent en avant les nécessités générationnelles. Chacun doit assumer son héritage, porter la dette de vie et de sens qui structure la transmission et la filiation. Injonction transgénérationnelle, le pardon serait une affaire d'humanité.

Pour nous, il est l'expérience intime, le long cheminement de celui qui cherche la paix intérieure tout en assumant sa part d'humanité. Mais le pardon, même celui qui nous importe, ne s'inscrit-il pas dans une démarche qui échappe à l'appropriation personnelle ? Si le pardon est ce que chacun définit comme tel, est-ce réellement un pardon ?

Une question pour l'humanité

La grande difficulté qu'il y a à pardonner à ses parents est celle du recul qu'il faut prendre pour entamer la démarche de pardon. Celui qui pardonne s'extrait de la scène du drame et, trouvant un appui extérieur à son histoire, il s'autorise un acte de pensée qui donne quitus à celui qui l'a lésé. L'accusé n'est plus un coupable, la victime n'est plus un plaignant. Le pardon est un don de sens, une puissante création personnelle qui reconstruit les relations humaines. Celui qui pardonne est un créateur de vie : son pardon fait scansion ; il clôt et ouvre. Par son pardon, il annule la dette. Il remet la faute. Il s'oublie pour que le lien circule à nouveau. Autrement dit, il est difficile d'ignorer la dimension spirituelle du pardon.

Quel autre lieu que celui de la transcendance pourrait permettre cette manipulation humaine de la destinée ? S'ils ne peuvent s'autoriser une dimension supérieure à celle de l'humain, comment un fils ou une fille, pris dans la force générationnelle de la transmission et soucieux de rester à leur juste place, pourraient-ils prendre cette place impossible ?

C'est le pardon qui sauve l'humanité de la barbarie. Il ne prétend pas l'en garantir, mais il témoigne, par son existence même, de l'écart possible entre l'homme et le mal. Par le pardon, l'homme domine le mal. Il crée l'humanité de l'homme. Le pardon fait de l'homme le père de l'homme. Le pardon filial fait sortir l'être humain de lui-même pour lui donner la force de créer de l'humanité. Il transforme le mal en promesse de vie. Transformer le mal en bien pourrait faire prendre un risque à celui qui s'y engagerait seul, sans se référer à l'aventure spirituelle partagée d'une religion ou d'une philosophie fortes. Hors le contexte culturel d'une pensée collective, comment tenir cette place impossible qui fait de l'enfant le père de l'homme, le père de son père ? Dira-t-on alors qu'il n'est de véritable pardon que celui de la spiritualité ? Le supposer rendrait-il caduques toutes les autres démarches de pardon ?

Nous n'avons pas fait le choix d'en décider. Notre démarche n'est pas philosophique, elle est clinique. Le pardon qui sera évoqué tout au long de ces pages est celui d'hommes et de femmes qui ont choisi de témoigner de leur engagement sur la voie du pardon à leurs parents. Il ne s'agit, pour chacun, que de parler de lui-même et des siens. Démarche personnelle, affaire de famille, quête spirituelle, injonction transgénérationnelle, toutes les dimensions du pardon sont évoquées dans les pages qui suivent. Excuses, oublis, reproches, compassion, vengeance, toutes les formes atténuées ou déformées y figurent aussi. Le pardon filial est défini ou conçu par chacun selon ses besoins, sa souffrance, en fonction de son itinéraire personnel, des rencontres et des choix qui l'ont enrichi. En fait, il est surtout lié aux aléas de l'existence : nous pardonnons à nos parents ce que nous pouvons. J'ai fondé mon approche sur trois entrées : Que reprocher ? Pourquoi pardonner ? Comment pardonner ?

I

Que reproche-t-on à ses parents ?

1

LES CHOSES DE LA VIE.

L'ordinaire des blessures familiales

Ce premier chapitre va permettre d'inaugurer en douceur un voyage au pays du pardon. Bien avant d'aborder les graves questions de l'inceste ou de la maltraitance avérée, nous évoquerons l'ordinaire des petites et des grandes injustices, des peines et des chagrins qui émaillent la vie de tous les enfants et restent collés à leurs souvenirs d'adulte.

Pardonner à ses parents, c'est l'affaire de tout le monde, disions-nous d'emblée. Tout enfant peut être amené à reprocher, puis excuser ou absoudre ceux qui n'ont pas été à la hauteur de son amour. L'acceptation des failles parentales est même une des voies ordinaires de la maturité, celle qui permet de sortir du cocon de la dépendance première pour risquer les premiers pas hors des bras aimants. Aucun enfant ne grandirait s'il était maintenu dans la protection douillette d'un amour parental parfait. À la tendresse première, nécessaire à la survie de l'enfant et à l'émergence de sa vie psychique, se substitue assez vite une protection plus relative qui lui ouvre le chemin du risque et celui du désir. C'est même la spécificité de l'amour parental : il doit faire le deuil d'un désir de complétude qui assassinerait l'objet même de ce désir. Nul ne peut donner à son enfant tout l'amour qu'il éprouve et que celui-ci demande.

Quelle que soit l'intensité de la tendresse qui les unit, parents et enfants ne se comprendront pas toujours et se rejoindront rarement. Symbolique et structurante, cette séparation fait éprouver à l'enfant un manque radical qui le poussera à vivre, et laisse à l'aventure parentale le goût amer du renoncement. C'est le chemin des névroses, des structures psychiques ; c'est l'origine des souffrances et des civilisations. L'art de vivre et l'art d'aimer sont faits de cette rencontre ratée, de cette complétude jamais trouvée. Comment ne pas y voir l'origine de beaucoup de reproches et de quelques pardons ?

Pour traiter du pardon à travers les choses de la vie, nous commencerons par le caractère ordinaire et subjectif des reproches que chacun formule ou tait pendant l'enfance et qui, tout arbitraires qu'ils puissent parfois paraître, nous rappellent que la relation filiale est une histoire d'amour assez houleuse qui se trame sur fond de vie quotidienne, d'injustices et de passion.

C'est l'histoire d'un ratage nécessaire, qui fait grandir et qui se dépasse ; c'est aussi l'origine de blessures qui ne se referment pas. Les critiques aux parents nous rappellent que la famille, c'est-à-dire la niche affective parentale et le réseau des alliés, est le lieu absolu du réconfort en même temps que celui de la souffrance. C'est pourquoi, en partant du regard que l'enfant porte sur ses parents, nous élargirons notre vision vers ceux-ci, leurs faiblesses et leurs failles, leurs priorités éducatives, et nous envisagerons ensuite la scène élargie de la vie familiale. Nous y verrons se jouer l'ordinaire des malentendus amoureux et éducatifs où naissent les infinis griefs à l'origine de patientes rancœurs et d'émouvantes absolutions.

Sur ces trois volets, le regard des enfants, la conduite des parents, les échanges familiaux, s'esquisseront les joies et les peines qui tissent les grandes amours et les petites peines des liens filiaux.

Simon, 25 ans

« Je ne veux pas rester coincé dans cette histoire qui a pourri mon enfance. Pardonner quoi ? Je n'en sais rien, mais je sais que je ne veux plus souffrir ; j'en ai assez de ressasser. Je tourne en rond. Il avait ses raisons, elle avait trop souffert. Ils étaient malheureux...

Le résultat, c'est que moi, au milieu, je pissais dans mon lit et je bégayais. J'étais un gosse timide, peu valorisant pour eux. Je me sentais misérable. J'aurais du mal à dire très précisément ce que je leur reprochais ou plutôt ce que je leur reproche car, à l'époque, je n'analysais pas ce que j'éprouvais. Je n'ai le souvenir que du grand ennui qu'a été mon enfance. Pourtant, je ne manquais de rien, comme on dit. Ils me le rappellent d'ailleurs chaque fois que je vais les voir. Ils me répètent qu'ils m'ont donné tout ce dont j'avais besoin. Est-ce qu'ils avaient la moindre idée de ce dont j'avais besoin ?

Enfin, je veux bien les croire, ils ont fait ce qu'ils pouvaient, je crois, mais je n'étais pas heureux. Si le prix à payer est de tourner la page, tournons-la ! Je préfère pardonner plutôt que de traîner un ressentiment qui me gâcherait la vie. À la limite, je me sentais même coupable, comme si c'était moi le responsable de toute cette petitesse. Comme si j'avais manqué de grandeur peut-être. C'est idiot, mais l'ennui des autres ça vous colle à la peau. J'étais pris dans leur grisaille, englué dans leur médiocrité. Il est probable que je n'étais pas un gosse suffisamment aimable...

Voilà, moi, je n'en sais pas plus. Je ne sais pas si c'est suffisant pour parler de pardon. Je me sens concerné mais je ne saurais trop comment l'expliquer. Mon enfance, je ne l'aime pas. Je n'aime pas le petit garçon que j'étais, même si je ne me souviens pas trop de lui. Je ne sais pas ce qui se passait dans ma famille, ce qui rendait ma vie si triste. À vrai dire, je ne veux pas le savoir. Je ne veux pas chercher à me souvenir ni à comprendre. Le temps viendra peut-être où j'y serai contraint. Pour l'instant, je ne veux pas creuser.

Une réconciliation ? Mais on n'est pas fâchés ! Je vais les voir une fois de temps en temps. J'envoie une carte pour les anniversaires, pour les vœux, pour la Fête des mères. J'y vais à Noël. Si je voulais crever l'abcès, je rendrais tout le monde malade. Ils ne comprendraient même pas ce qui m'arrive. Si je me mettais à manquer un rituel, la Fête des mères ou Noël, ce serait comme si je me mettais à poil au milieu du salon : un coup de folie impardonnable. Ils sont comme ils sont. Moches. Et moi, je fais ce que je peux. J'aimerais bien ne pas me poser la question du pardon à mes parents. Peut-être suis-je encore trop jeune. »

La plainte diffuse

Si les enfants qui n'aiment pas leur enfance en arrivent souvent à en faire le reproche à leurs parents, c'est qu'ils gardent dans un coin de leur cœur le vague sentiment d'avoir été mal aimés, mal compris, de n'avoir pas reçu leur part d'attentions ou d'estime. Il semblerait qu'on aime son enfance quand on a été aimé pendant son enfance. La dimension émotionnelle du souvenir est telle qu'elle laisse souvent dans l'ombre les questions matérielles qui ne seraient pas connotées affectivement. Ainsi, la pauvreté n'empêche pas les moments chaleureux, l'aisance économique n'évite pas la solitude. Le souvenir d'enfance est émotionnel plus qu'événementiel. C'est souvent un agencement reconstitué, un compromis. D'ailleurs, en dehors des crises et des ruptures, tout le monde respecte la fiction qui donne sa cohérence à la famille. Discret sur sa vision personnelle des événements, chacun joue le jeu et s'abstient scrupuleusement de pointer les discordances et d'aborder ce qui fâche. L'art de vivre en famille est un art subtil, dont chacun connaît les codes et dont personne ne se risque à franchir les marges implicites.

Si la question du pardon aux parents provoque un tel émoi chez autant d'adultes, même à l'extérieur de la scène thérapeutique, c'est que la formulation du reproche a souvent fait défaut pendant les années de vie commune.

Frustrations et fantasmes

Rémy ne peut aborder la question du pardon sans évoquer le souvenir de Castor, son chat. C'est une vieille histoire dont personne d'autre que lui n'a gardé la mémoire et qu'il livre d'une voix enrouée. Castor lui a été offert par sa grand-mère le jour de son septième anniversaire ; il était sous son entière responsabilité. Tête roux pâle, ventre tigré, yeux vert huître, la queue toujours dressée, il était discret et très affectueux. Rémy s'occupait de lui avec sérieux, changeait sa litière et lui donnait ses repas. Chaque fois que le petit garçon quittait la maison, Castor l'accompagnait à la porte, et il accueillait cérémonieusement son retour. À la maison, chacun s'accordait à reconnaître que l'enfant et le chat étaient les meilleurs amis du monde. Quand les parents de Rémy décidèrent de quitter le village pour aller en ville, ils annoncèrent à leur fils leur décision de laisser Castor chez la grand-mère. Aucun des arguments de Rémy ne sut les convaincre, aucune promesse, aucun engagement solennel. Castor resta chez la grand-mère et Rémy déménagea. Aux vacances, il revint au village et découvrit que Castor s'était fait écraser. Aujourd'hui, Rémy a quarante ans et il n'a toujours pas pardonné à ses parents ce que la mort de son chat lui a fait découvrir : « J'ai compris ce jour-là que je ne pouvais pas compter sur eux. Leurs priorités ne tenaient pas compte des miennes. »

Comme tant d'autres petits, Rémy a souffert d'une décision unilatérale des adultes. Le choix des grands l'a privé de son compagnon. Or, la malchance ayant voulu que celui-ci meure, la décision parentale a pris pour lui figure de crime. Avec Castor, c'est la confiance dans ses parents qu'a perdue Rémy.

Quel enfant n'a pas ressenti la morsure de cette découverte fondamentale : la vie des grands ne tient pas toujours compte des choix des petits. Le chagrin de Rémy ne peut laisser dans l'ombre ce que ce constat dévoile : aucune enfance ne supporterait la responsabilité partagée avec les adultes. Le fossé générationnel, non seulement écarte toute fusion entre les uns et les autres, mais il désigne ceux qui doivent protéger et décider. Sans rien vouloir enlever au drame de Rémy, nous devons souligner qu'un enfant dont les désirs dirigeraient les choix des adultes serait en grand danger de toute-puissance. Il perdrait sa place et son identité et tout le profit de son enfance. L'éducation parentale protège l'enfant en même temps qu'elle le contraint : il ne peut faire la loi à la maison. Les petites et les grandes frustrations qu'il supporte le font grandir.

Quelques-unes des histoires qui m'ont été confiées vont nous permettre de voir comment chacun peut garder sur le cœur des peines infantiles qui le conduisent, à l'âge adulte, à se poser la question du pardon à ses parents, à partir de griefs qu'il ne pouvait leur reprocher directement. Faire à ses parents le reproche de leur divorce, de la venue d'un petit frère ou même de sa propre naissance, c'est injuste mais utile. Cela permet d'exprimer son désarroi et d'apprendre à mûrir. Garder ses griefs pour soi, c'est apprendre à se taire. La crise émotionnelle ne se traverse pas de la même manière pour tout le monde et ne laisse pas les mêmes traces dans la relation aux parents et à soi-même. Ainsi, Jacques, jeune homme sérieux et responsable, qui travaille dans une société d'informatique, se souvient d'avoir longtemps reproché à ses parents leur divorce :

« Allez savoir pourquoi, j'ai pris ça comme une attaque personnelle ! Depuis, ça va mieux, merci ! Magnanime, je leur ai pardonné. À l'époque, j'avais dix ans, ça m'a touché en plein cœur. Je leur en ai voulu à mort pendant des années. C'était un peu ma blessure, ma rancune secrète, mon trésor de guerre à moi, la révélation que je leur ferais un jour, lorsque je tomberais gravement malade et qu'appelés tous les deux à mon chevet ils comprendraient enfin. »

Aujourd'hui, Jacques joue la dérision. Il est devenu un adulte posé qui trouve risibles ses aberrations enfantines et peut se moquer gentiment de luimême.

Le scénario de réconciliation parentale autour de la maladie n'est pas inhabituel : beaucoup d'enfants inventent des histoires analogues pour forcer leurs parents à les prendre en considération dans leur histoire conjugale. La plupart du temps, l'enfant se délecte du tableau touchant que forment ses deux parents enfin réunis, penchés sur leur bien le plus précieux : lui. La fonction de ce fantasme étant de retrouver la place centrale dans la tendresse et les préoccupations de ses parents, l'affaire en reste là. Parfois, l'enfant, plus blessé, moins certain de l'affection parentale, ira plus loin et pourra, par une maladie ou un accident, essayer de rappeler les divorcés à leurs devoirs parentaux.

En fait, tant qu'on ne lui a pas expliqué que c'est un des aléas de l'aventure conjugale, l'enfant considère le divorce de ses parents comme un épisode de sa vie personnelle. Il leur en tient rigueur et leur demande des comptes. Reconnaître à ses parents une affectivité et une sexualité autonomes fait partie des épreuves que tout enfant doit traverser.

Prenons une autre histoire, banale : le drame ordinaire de beaucoup d'aînés, analysé ici par une grande sœur lucide et réconciliée. Lucie a mis du temps à pardonner à ses parents la naissance de son petit frère. Il est venu au monde alors qu'elle avait douze ans. Certes, elle tirait satisfaction de son solide statut de fille unique, seule dépositaire de l'amour parental, mais une autre raison alimentait sa hargne. Le gros ventre de sa mère, comme les regards attendris de son père, lui ont soudain rappelé ce qu'elle ne voulait pas savoir : ces deux-là avaient une relation amoureuse et des rapports sexuels ! À leur âge ! Après la naissance de son frère, ce fut pire encore. La mère l'allaitait. Pour Lucie, c'était insupportable de voir l'intimité du corps de sa mère étalée aux yeux de tout le monde. À l'âge où pointaient ses propres seins, à l'heure enfin venue de sa féminité personnelle, sa mère étalait la sienne... Et son père, l'innocent balourd, se faisait le complice de cette parade inconvenante. En grandissant, Lucie finit par comprendre que la sexualité de ses parents leur appartenait. Elle se rendit à l'évidence : elle n'avait aucun droit de propriété sur leurs relations affectives et érotiques. Reste qu'à l'heure de sa puberté ce constat fut pour elle un choc, quelque chose de difficile à accepter. Ses parents ont su l'assurer de leur amour en lui faisant comprendre qu'il se partage. Ils ont su vivre leur vie de couple, lui faisant saisir qu'elle ne la concernait pas. Le petit frère est devenu un protagoniste actif de la famille. Lucie elle-même a tourné ses regards vers d'autres amours, a ressenti d'autres émois, d'autres jalousies, d'autres troubles. Elle a pris le temps de nommer son ressentiment et s'est donné les moyens de le dépasser. Aujourd'hui, elle s'amuse d'elle-même. En grandissant, elle s'est rendu compte à la fois de l'injustice et de la portée de ses reproches : « Je leur en voulais de ne pas m'avoir fait, à moi, cet enfant qu'ils s'étaient fait entre eux. »

Tout enfant qui rencontre la génitalité parentale, dont il est exclu, s'y heurte et c'est ce qui lui permet de construire la sienne propre. Dire que c'est structurant pour lui ne signifie pas que cela lui soit facile. Tout ce qui touche à la sexualité parentale représente une épreuve pour l'enfant. Surtout pendant la période délicate du début de l'adolescence, quand toute sa construction identitaire d'enfant se trouve bousculée et qu'il découvre en lui-même de nouveaux émois.

Ainsi, Sarah, roulée en boule sur son lit, criait à sa mère : « Je n'ai pas demandé à naître. Je voudrais être morte, tu n'aurais jamais dû me mettre au monde ! Je te hais. »

L'adolescence, c'est l'âge où les reproches des filles tombent sur les mères. Les pères sont épargnés : leur mode de participation à la vie familiale les préserve le plus souvent du pire. Ils ont droit aux portes qui claquent, aux bouderies, mais ne reçoivent pas les avalanches de larmes ni les trop gros cris du cœur. Les fils, le plus souvent, se taisent. Donc, la scène est banale et personne ne s'affole que Sarah reproche à sa mère de lui avoir donné la vie. La question est toutefois trop lourde pour qu'on ne tente pas de la décrypter un peu. Au cœur de son désespoir, elle porte l'accusation la plus dure, sans être en mesure de démêler les raisons profondes de ce qui la fonde. Si elle pouvait la formuler clairement, sa plainte porterait peut-être sur tout un contexte intime et familial qu'il lui est difficile de déchiffrer. Il s'agit probablement de la lourdeur de son aventure pubertaire, de ses échecs sentimentaux et scolaires, de la désertion de son père qui s'est éloigné de sa famille, voire de la présence attentive, courageuse mais dépressive de sa mère. Sarah est une fille. Elle veut blesser sa mère, l'atteindre au plus vif. Elle vise donc le point crucial qui les lie. Sa mère est peut-être la victime à qui elle ne veut pas ressembler, la cause du ratage familial, une traîtresse qui a rompu le pacte conjugal...

Ces anecdotes sont sans doute éloignées de l'idée que chacun se fait du pardon. En effet, rien de grandiose dans ces petits pardons de maturation qui ne sont que l'effort que chacun doit accomplir pour accepter les autres. Toutefois, si quelque chose s'était enrayé dans le cours ordinaire de la vie des uns ou des autres, le divorce des parents ou la naissance du petit frère auraient pu être à l'origine d'une fracture dans le tissu familial, quelque chose qui les aurait empêchés de vivre leur vie. Auraient-ils su formuler les mots du reproche et ceux du pardon ou auraient-ils gardé le souvenir diffus d'une fêlure à l'origine de leur difficulté d'être ?

Or, rencontrer la complexité de l'amour et du désir, sans perdre confiance dans ses parents, est une épreuve qui grandit. On peut même penser que savoir oser le reproche et sourire du pardon mène à la maturité.

Le rêve du parent parfait

Grandir, c'est parfois souffrir. Il arrive qu'un enfant peine à admettre la réalité de ses parents, leurs imperfections, leurs failles, leur souffrance. Il peut lui être difficile de leur pardonner d'être ce qu'ils sont ; de n'être que ce qu'ils sont : ni monstrueux ni parfaits, tout juste ordinaires.

Francine me confie combien elle a souffert de la mauvaise image qu'elle avait de sa mère. « Si je vous dis que j'ai mis un temps fou à lui pardonner d'avoir été peu soignée, vous me trouverez ingrate et superficielle, mais pourtant c'est vrai. » Francine est avocate. On ne peut dire qu'elle soit en rien superficielle. Elle raconte : « La voisine se parfumait ; chaque fois que je l'embrassais, je humais l'odeur délicate de sa poudre de riz. Ma mère sentait le suppositoire ! C'était atroce. Un jour, j'ai compris qu'elle se massait la poitrine avec un onguent à base d'eucalyptus ! N'empêche que ce souvenir m'a marquée : je fais toujours attention à ma toilette, même pour traîner à la maison. Je ne supporterais pas d'avoir une odeur désagréable pour mes enfants. »

Francine n'est pas la seule fillette ou adolescente qui souffre de comparer sa mère à une autre femme, plus féminine, plus coquette ou plus gentille... L'image d'un parent merveilleux hante les chimères et les rêves de tout enfant et reste souvent bien ancrée au fond de ses nostalgies d'adulte.

À l'encontre des parents réels, ce parent-là est présent, sans être envahissant, aimant sans être possessif, il est tendre sans étouffer, ne reproche rien et donne sans compter, il est exactement ce qu'on attend qu'il soit... De tels parents n'existent pas dans la réalité des familles ; comme l'enfant merveilleux, ils font partie des contes de fées où ils côtoient leurs doubles négatifs : la mégère, la marâtre, l'ogre, le monstre dévoreur d'enfants. Cependant, ne pas exister ne les empêche pas de nuire. Ils occupent le terrain, semblent habiter chez une copine dont la mère sent bon, chez un petit voisin au père attentif, chez tous les autres enfants de la classe. Ils seront les rivaux les plus assidus de tout parent ordinaire confronté à l'usure des jours. Dans le jeu de dupes des amours domestiques et familiales, l'injustice et l'ingratitude des enfants valent bien la cruauté et la partialité des parents... Une part du pardon ordinaire consistera alors, pour chacun, à accepter ses parents tels qu'ils sont. De les reconnaître, en quelque sorte.

Les parents réels ne sont pas des anges de tendresse et de tolérance. Pour l'enfant qui les a idéalisés, grandir, c'est découvrir leurs faiblesses et leur médiocrité, leurs limites et leur aveuglement. C'est parfois leur accorder des droits qu'ils ne lui ont pas donnés. C'est savoir les accepter sans leur en faire le reproche, les supporter sans s'irriter de leurs imperfections, leur ressembler sans en souffrir...

Aucun enfant n'est assez aimé, respecté, accepté. Aucun amour n'est justement dosé ni équitablement réparti. On aime toujours trop, mal ou pas assez. On est toujours trop mal ou pas assez aimé. Grandir, c'est accorder à ses parents le droit à l'erreur, c'est aussi vivre avec les mille petits manques de la vie. Pardonner à ses parents est une opération aussi quotidienne que celle qui consiste à supporter leurs mauvaises habitudes, leurs manies, leurs marottes. Ainsi va la vie : il faut apprendre à accepter ceux qu'on aime, donner à la tendresse sa pleine force de tolérance.

L'aventure freudienne a rendu familiers le destin des amours enfantines et la force du tissage affectif des identifications et des attachements. Œdipe est toujours amoureux ; il souffre dans sa chair des trahisons de Jocaste. C'est pourquoi l'enfant construit son roman familial [1] : il cherche à maîtriser ses affects et

---

1. Sigmund Freud, « Le roman familial du névrosé », *in Névrose, psychose et perversion* (1894-1924), trad. Jean Laplanche, PUF, 1973, p. 157.

ses passions en réorganisant son histoire dans sa tête, en redistribuant les rôles, en fignolant le décor, en choisissant son texte. Ainsi, il peut adopter le personnage et le partenaire de son choix.

« Je pense que mon père est un prince et que j'ai été adopté ; on a dû échanger les bébés à la naissance, mes parents ne sont pas mes vrais parents... » Sur ce thème, l'enfant brode à sa guise. Il s'agit de libérer le parent aimé de ses attaches conjugales pour le rendre disponible pour l'enfant. Tous les scénarios ont le même objectif : renouer, par le fantasme, les liens d'amour et de passion que la vie se charge de dénouer. Les rêveries œdipiennes aident le petit à supporter la blessure vitale qui le sépare de ses amours premières. Impossibles à atteindre dans la réalité, les parents sont aimés et haïs dans le fantasme. Même les parents réels sont toujours des parents rêvés.

C'est pourquoi la brutalité de certaines réalités parentales est parfois difficile à surmonter. Lorsque Léa parle de sa mère, c'est toujours à voix basse. Toute la lassitude du monde brouille ses traits, elle se ratatine. « Ma mère buvait. J'ai mis longtemps à le voir et à l'admettre ; je la croyais fatiguée, déprimée. Elle buvait quand nous étions en classe et se cachait pour boire dans la cuisine. Le jour où je l'ai trouvée par terre, je l'aurais tuée. Je ne lui ai jamais pardonné. »

Nombreux sont ceux qui parlent de l'alcoolisme de leurs parents avec émotion et surtout avec honte. Les détails de la vie familiale, petites joies ou grands moments, semblent disparaître derrière l'épreuve quotidienne. Ne restent que gêne, humiliation. L'une se rappellera que sa mère dissimulait ses bouteilles dans sa chambre de petite fille, pour que son père ne s'aperçoive de rien. Un autre revivra avec horreur le jour où il trouva son père malade, ivre mort sur le sol de la cuisine. Or, tout alcooliques qu'ils soient, ces parents ne sont pas toujours de mauvais parents. Ils sont peut-être par ailleurs généreux, loyaux, créatifs, drôles... Pourtant, pour les enfants qui ont souffert de leur alcoolisme, même indirectement, le pardon est difficile. Ceux et celles qui conservent de leurs parents une image abîmée souffrent autant de la déchéance parentale que de leur incapacité d'enfant à les aimer quand même. Pour pardonner, il faut avoir le cœur grand ; l'image dure d'un parent abîmé réduit le cœur de l'enfant qui souffre.

Marie nous éclaire sur les ressorts secrets de la tolérance et de l'intransigeance : elle a pardonné à son père son alcoolisme et sa violence. Mais elle ne peut pardonner à sa mère d'avoir refait sa vie et d'avoir eu d'autres enfants. Le père violent est pardonné, la mère volage ne l'est pas. Comment comprendre les circonstances atténuantes accordées à l'un et refusées à l'autre ? Les filles sont-elles plus dures avec leur mère, plus tendres avec leur père ? Inversement, les garçons sont-ils plus conciliants avec leur mère et plus sévères avec leur père ? Il est parfois plus délicat pour un fils d'accepter le verdict de médiocrité porté sur le père que les faiblesses de la mère. Une fille pardonnera mieux les fautes paternelles que les manques maternels, surtout lorsqu'il s'agit du manque élémentaire, le manque d'amour. Sans être une généralité, ce constat fréquent conduit à un premier niveau d'explication. L'enfant se regarde dans le miroir du parent de son sexe. Derrière son parent quotidien, il cherche son idéal. Il s'y voit également :

enfant aujourd'hui et adulte demain. Face à l'image abîmée de celui à qui il ressemble, il frémit comme devant un miroir déformant. En se salissant, le parent endommage le rêve que chacun de ses enfants se fait de lui-même, de ce qu'il peut devenir. Il atteint son potentiel identificatoire, son besoin d'idéal. Plus encore, le dégât peut gagner tout l'édifice psychique. Dans le miroir parental voilé, c'est l'identité qui peut être déformée. Déchu, médiocre ou honteux, non seulement le parent renvoie à ses enfants une image souillée d'eux-mêmes, mais, comme il les atteint au plus vif de leur tendresse, il sape parfois la construction de leur avenir.

Devenir adulte, c'est accepter ses parents pour s'accepter soi-même. Pour exigeant qu'il soit, le regard de l'enfant, intransigeant ou tendre, n'est pas le seul indicateur du pardon possible. Derrière la subjectivité, toujours présente, des données plus objectives se dessinent. Tout en restant dans l'ordinaire des petits manques qui constituent la vie quotidienne, regardons un peu comment se comportent les grands dans leur mission civilisatrice auprès des petits.

L'art d'aimer et d'éduquer

Je pense ici à celui qu'on a oublié dans sa chambre un jour de promenade familiale, à celle qui guettait l'approbation de sa mère, à la fillette vexée par un trait d'esprit, à l'enfant que son père taquinait ou invectivait devant ses amis... Aucune de ces histoires n'a alerté les services sociaux. Les enfants étaient nourris, habillés, scolarisés, éduqués dans une ambiance à la fois morale et familiale tout à fait conforme aux normes sociales. Personne n'aurait pu dire que leur éducation était gravement compromise. Ils n'étaient pas en danger. Toutefois, lorsqu'on les écoute, on mesure combien les sujets d'amertume sont nombreux. Ils sont d'ailleurs trop variés, même dans l'enfance la plus banale, la plus choyée, pour qu'on en dresse un catalogue.

L'éducation d'hier : entre brimades et réprimandes

Aujourd'hui, les parents veulent généralement garantir à leurs enfants une vie heureuse et comblée, leur éviter frustrations et manques. Ils en font parfois des enfants-rois, enfermés dans une toute-puissance capricieuse qui ne les prépare pas au combat de la vie. Or, bien souvent, ils n'ont pas eux-mêmes bénéficié de tant d'indulgence de la part de leurs propres parents. Bien au contraire, leur mémoire, comme celle des plus anciens, est criblée des fines cicatrices laissées sur leur enfance par des modèles éducatifs moins soucieux du désir de l'enfant. Entre les excès d'hier et ceux d'aujourd'hui, la guerre éducative familiale saura-t-elle trouver une fin ?

À l'âge de quinze ans, Félicienne fut placée par ses parents dans une ferme voisine pour qu'elle aidât aux travaux domestiques. Elle s'acquitta de sa tâche avec sérieux et ne dénonça pas le fermier lorsqu'il la viola dans l'étable, ni le fils, qui en fit bientôt autant. Quand elle fut enceinte, on la renvoya chez elle. C'est là que grandit Clovis, au milieu des poules et des poulets, au cœur de l'indifférence de tous. Félicienne ne lui adressait jamais la parole, le hélait parfois, d'un court cri de gorge et ne l'appelait jamais par son nom. L'instituteur prit le gamin en amitié et proposa de lui donner des leçons, le soir. L'accord fut donné par le grand-père à condition qu'aucune des corvées de Clovis n'en pâtisse. Il fit son travail avec application, à l'école comme à la maison. Puis le grand-père mourut. Quand il fut question pour lui d'aller au collège, Clovis, plein d'espoir, en parla à sa mère. Elle sortit de son mutisme pour refuser qu'il parte. Promesse de bourses, aide de la commune, rien n'y fit. Elle resta sur ses positions : on avait besoin de lui à la ferme. Clovis resta. Il s'enfuit quelques années plus tard et ne retourna à la ferme qu'à la mort de sa mère, à qui il n'avait jamais pu parler. Il a reconstruit son histoire, bien des années après et l'a confiée à sa petite-fille, qui l'interrogeait sur la famille.

Clovis ne s'est jamais plaint. Il n'a jamais formulé le moindre reproche à l'égard de sa mère. « C'était comme ça à l'époque, dit-il à sa petite-fille. Si je n'étais pas allé à l'école, j'aurais peut-être supporté sans broncher. Mais je crois que j'ai découvert que j'avais envie de vivre autre chose. Ma mère n'avait pas eu cette chance. Elle ne connaissait que la ferme et trouvait que j'avais bien de la chance de travailler sur mes propres terres. »

Pour une confidence comme celle de Clovis, combien de silences ? Qu'ils se posent la question du pardon ou qu'ils ne formulent pas le moindre grief, combien d'enfants ont souffert, sans rien en dire jamais, des choix et des douleurs de leurs parents, de leur manque d'amour, d'attentions, de soins, d'intérêt ? Qui ne garde en réserve quelques-unes de ces gâteries qui agrémentent l'enfance ? Ils ont été privés de dessert, de sortie, de leur loisir préféré ou d'argent de poche... On les a enfermés dans leur chambre, à la cave ou dans le « cabinet noir », on les a menacés du

« croque-mitaine » ou du retour du père. On les a humiliés en public. On les a corrigés en privé... Certains ont reçu le fouet, la fessée, la règle sur les doigts. Personne n'a échappé totalement aux coups de badine, à des revers de main. Sans oublier les cris, les reproches ou les injures. Beaucoup déclarent : « Je n'en suis pas mort », avec la modestie de l'ancien combattant revenu, intact et fier. Il en est même qui regrettent le temps révolu des enfants mieux « dressés », mieux policés, qui savaient se tenir, ne faisaient pas de caprices, n'accaparaient pas l'attention...

Le temps a passé, la société s'est transformée, la famille a évolué. L'éducation s'étaye moins sur l'obéissance et la soumission d'un enfant qui a changé de statut, dont la place n'est plus la même, au point que nous en oublions parfois qu'il n'a pas toujours été au centre de la famille et au cœur des préoccupations de la société.

Pour illustrer la question des séquelles que laisse l'éducation familiale dans le souvenir, donnons la parole à deux femmes qui furent des enfants « corrigées ». Elles ne furent ni dorlotées, ni choyées d'aucune manière. « On n'embrasse un enfant qu'une fois qu'il s'est endormi », me raconte Raymonde, qui trouvait les manifestations d'affection inutiles dans l'éducation d'un enfant. Sa belle-fille, Françoise, n'est pas du tout du même avis : « C'est triste, une enfance sans tendresse. On m'a tant tiré les cheveux que j'en avais le crâne à vif ! Ma mère avait la main leste. Chez nous, on traitait les enfants moins bien que les bêtes. Ils avaient moins de valeur ! »

« À la campagne, on n'est pas tendre. » Sur ce point, elles sont d'accord. Pourtant, sur la question des châtiments corporels, elles ne peuvent s'entendre. Françoise a souffert des coups, des gifles et des brimades. Son regard douloureux d'enfant jugeait le comportement des adultes et tout son corps souffrait du mépris qu'elle recevait avec les coups. Par contre, Raymonde a trouvé naturel qu'on l'élève « à la dure » : « Faut bien que ça rentre ! C'est dur, la peau d'un gamin, ça encaisse ! »

Bien qu'ayant toutes deux été élevées « à coups de trique », elles n'en ont pas gardé les mêmes souvenirs ni surtout le même sentiment. L'une s'est sentie humiliée et a eu peur de la colère ou de la violence familiale. L'autre pense n'avoir reçu que son dû. L'une, blessée, fragile, en a porté le poids sa vie durant, l'autre y a puisé sa force et sa vigueur. Un peu plus de vingt ans séparent leurs deux expériences. L'enfance de Raymonde et celle de Françoise se sont déroulées dans deux villages voisins, dans la même région agricole française proche de l'Ile-de-France, dans deux milieux économiquement semblables, des petits propriétaires terriens, catholiques peu pratiquants, qui partageaient une même conception globale de l'éducation. Cependant, les deux structures familiales sont très différentes. Les deux fillettes n'ont pas vécu la même histoire, n'ont pas ressenti les mêmes peurs, n'ont pas intégré les mêmes valeurs, ni transmis le même modèle.

Pour Raymonde, née avant le XXe siècle dans une famille ordinairement composée et organisée, l'enfant était considéré comme un petit animal, sans méchanceté, mais égoïste et brutal, qu'il faut dresser, à qui on doit imposer les manières de vivre en société. L'adulte, occupé aux champs et à la maison, pris dans la multiplicité des tâches agricoles et domestiques, n'a pas de temps ni de paroles à perdre. Éduquer un enfant, c'est le nourrir et lui transmettre les valeurs essentielles, lui donner un métier et l'amour du travail. L'amour de la terre.

Pour Françoise, née dans une famille déchirée et anéantie par la Grande Guerre, l'enfant est une cause de soucis, une gêne, une charge, une angoisse. L'élever, c'est lui donner les chances qu'on n'a pas eues ou qu'on a perdues. C'est probablement l'élever dans l'échelle sociale. C'est rêver de lui voir épargner les labeurs et les peines. Le rêver, mais pas l'espérer vraiment.

La première fut « éduquée », corrigée, sans trop ressentir injustice ou cruauté. La seconde fut « élevée », mais rabrouée, blessée, humiliée. Aucune d'elles ne s'est sentie aimée. L'une ne s'en est jamais plainte, l'autre ne s'en est jamais remise. Ni l'une ni l'autre n'a jamais pu pardonner à ses parents. Leurs vies en furent marquées. Comme elles ne peuvent plus témoigner, c'est la troisième génération qui s'exprime : Aude, la fille et petite-fille, est leur porte-parole, autrement dit, l'interprète de leurs vérités. Elle a fait siennes leurs histoires, le limon de ses souffrances. Est-ce à dire qu'elles accréditeraient sa version de leur enfance ? J'en doute. Les éléments qu'elles lui ont transmis, par bribes, sous forme d'anecdotes, de récits ou de plaintes se sont tissés et enchevêtrés au fil du temps. Même sur le récit de l'enfance d'Aude, elles discuteraient, la contrediraient et ne seraient pas d'accord entre elles. Et cela, non pas en raison de quelque trait vindicatif qui les caractériserait, mais du fait même de la subjectivité de chaque expérience. Aucune des trois ne parviendrait à convaincre les autres de la priorité de sa version, de sa lecture, de sa transcription ou de son souvenir. Aucune ne saurait débusquer, pas plus en elle que chez les autres, au détour d'un détail, le petit arrangement a posteriori, l'interprétation personnelle, la modulation subtile, qui ont permis que la vie se poursuive.

Les enfants qu'on oublie d'aimer

Ce qui frappe chez Pierre-Marc, c'est son charisme, sa bonne humeur, sa puissance de travail et sa rigueur intellectuelle. La quarantaine vigoureuse, père de famille et directeur d'une association d'action sociale, il témoigne : « Mon père était un grand résistant. J'ai vécu toute mon enfance dans l'ambiance particulière de ses souvenirs de guerre et des valeurs sans cesse répétées : l'honneur, la fraternité, l'engagement de la parole. C'était un refrain dont on me rebattait les oreilles, des valeurs immuables dont mon père était le gardien et qu'il mettait en pratique sans jamais faillir. Par ailleurs, il était pudique et peu démonstratif ; il ne m'a jamais manifesté de tendresse. Son éducation était rationnelle, faite d'obligations et de devoirs. C'était insupportable à vivre au quotidien. » L'atmosphère de rigueur sera suffisamment étouffante pour que Pierre-Marc quitte la maison et se fasse fort de fuir l'ombre magnifique et terrible d'un père qu'il ne saurait jamais égaler.

Son témoignage nous montre qu'un enfant peut souffrir d'une éducation dénuée de tendresse tout en intégrant les valeurs qu'on a voulu lui inculquer. Est-ce toujours le cas ? Non. Il arrive que la sécheresse affective qui entoure l'éducation d'un enfant étiole en lui tout épanouissement, autant moral qu'affectif. L'éducation austère où manque l'affection trace souvent l'empreinte profonde d'une dette. En effet, si l'amour donne le sentiment qu'il est gratuit, la morale et le devoir attendent la gratitude ; ils enferment le débiteur dans un contrat impossible avec son créancier. C'est comme si l'amour refusé attachait plus sûrement que l'amour donné.

Le silence qui pèse sur certaines maisons où chacun vaque à ses occupations sans se soucier des autres peut ravager une enfance tout autant que les cris et les débordements. Combien d'enfances se sont perdues ainsi dans l'indifférence des adultes ? Que la course à la réussite sociale en soit la cause, ou la maladie, ou le chagrin, tout enfant qui court dans un couloir vide pour voir se refermer la porte derrière un adulte oublieux sent son cœur se serrer. Il ne connaît pas les soucis ou les préoccupations qui habitent son père ni les peurs et les doutes qui hantent sa mère, il sait seulement qu'il ne compte pas assez. La vie des grands tourne sans lui. Il n'est qu'un étranger qu'on nourrit et qu'on élève mais qui n'émeut pas.

« Je n'ai jamais eu assez d'importance pour que mon père me sacrifie une réunion, un séminaire ou même un dîner d'affaires. Ce n'était d'ailleurs pas imaginable : personne n'aurait pensé le lui demander. C'est comme si je n'avais pas eu de père », dira Solène. Aujourd'hui, elle traîne de thérapies en cures son mal de vivre et son absence de désir et en rend responsable ce père plus soucieux de son travail que de sa famille. « Nous ne le voyions jamais. Et personne n'aurait pensé nous plaindre : nous étions trop gâtés pour cela. »

Le reproche de Solène est celui des très nombreux enfants qui se sentent sacrifiés sur l'autel de la réussite professionnelle de leurs parents. Et pourtant, si les parents font tant d'efforts, c'est souvent, disent-ils, pour leurs enfants, pour leur aménager une vie meilleure ! N'est-ce pas un terrible paradoxe, alors, que de faire souffrir celui qu'on veut protéger de la souffrance ? Le malentendu serait total si nous ne possédions quelques clés pour le dissiper. Freud nous a appris à reconnaître ce que l'amour parental avait de particulier : ce que chacun fait pour ses enfants, c'est pour lui-même qu'il le fait, pour satisfaire son propre narcissisme [1].

L'adulte qui fait le choix de sa profession le fait pour les bénéfices qu'il en tire, pour sa propre satisfaction. Celui qui se sacrifie pour ses enfants également. Si certains enfants souffrent du manque d'affection paternelle, le travail n'est peut-être que l'alibi qui permet au père de dissimuler ses priorités. Cet homme, comme beaucoup d'autres, n'a pas ressenti que la paternité implique une relation affective. Son travail représente le seul investissement libidinal qui lui convienne. L'organisation familiale et la répartition des tâches domestiques, qui laissent à la mère les seules fonctions éducatives, cachent souvent ce que le besoin d'amour de l'enfant lui fait déceler : la faiblesse de l'intérêt que son jeune âge suscite chez son propre père. Certains enfants n'en souffrent pas, l'affection maternelle comblant le manque. D'autres, dont les deux parents sont pris dans la compétition sociale, se trouvent seuls avec leurs jouets.

---

1. Sigmund Freud, « Pour introduire le narcissisme », (1914), *in La Vie sexuelle*, trad. Jean Laplanche, PUF, 1973, p. 81.

Nous sommes loin des brimades ou du délaissement avéré, nous n'évoquons pas ici ces enfants détestés ou ignorés, ces enfants qu'on n'attendait pas et dont on ne se charge qu'à regret. L'enfant qui pleure le soir dans son lit parce que ses parents sont sortis après lui avoir distraitement tapoté la joue ou qui passe ses week-ends avec la baby-sitter ne reçoit ni coups ni remontrances. Sa naissance ne fut ni un accident ni un drame. Il a été voulu, désiré, voire programmé, attendu, fêté. Il est même probablement aimé. Le problème, c'est qu'il ne le ressent pas. Il n'est pas invité à la petite fête charnelle qui le ferait entrer dans la tiédeur parentale. Il reçoit plus de cadeaux que de câlins ; il se perd dans la solitude de ceux qui apprennent trop vite à ne compter que sur eux-mêmes et sur leur nounours, sans même savoir s'en plaindre.

S'il est fréquent de déplorer aujourd'hui qu'on fasse parfois de l'enfant un petit prince adulé autour de qui tourne toute la maison, on ne peut oublier celui qui compte moins qu'une carrière, qu'un amant, qu'un chagrin. De l'épisode amoureux ou dépressif qui distrait le parent de la préoccupation excessive de son enfant au désinvestissement avéré, la marge est parfois mince et peut dépendre de tout un contexte, difficile à analyser pour les enfants concernés.

Certains parents sont très jeunes. Pris dans leurs aventures identitaires, ils cherchent à exister, à désirer, à s'affirmer dans une course sociale qui leur laisse peu de loisir ou dans des turbulences amoureuses éreintantes. D'autres, épuisés par la misère ou par les épreuves, s'enferment dans les contraintes de leur survie, impuissants à en dire quelque chose à leurs enfants, qu'ils veulent protéger de leurs soucis.

D'autres encore s'arrachent jour après jour à la lancinante douleur d'un deuil qui brûle toute leur énergie et leur désir de vivre. Tous luttent pour exister en oubliant dans leur panique le petit bonhomme qui traîne en pyjama mouillé. Ils ignorent l'adolescente renfrognée qui rentre à l'aube en faisant beaucoup de bruit et ne voient pas les cendriers qui débordent de mégots dans sa chambre. Trop centrés sur eux-mêmes et sur leurs propres épreuves, ils ne décodent pas les signes qui leur sont adressés et ne découvriront que bien tard les dégâts affectifs qu'ils ont causés.

« Un jour, j'ai pris mon courage à deux mains et je suis entrée dans la chambre de ma mère. Elle se maquillait. Je me suis plantée entre elle et le miroir et je lui ai crié : “ Et moi, j'existe ! ” Elle m'a regardée d'un drôle d'air, comme si elle ne me connaissait pas et m'a prise dans ses bras. On a pleuré l'une contre l'autre un bon moment et elle m'a repoussée gentiment. “ Je dois aller à ce rendez-vous, ma chérie. Je suis désolée de te laisser... ” Elle a terminé de se préparer et elle est partie, sans un mot. Je l'ai suivie sur le palier. Elle ne s'est pas retournée : je reverrai toujours sa nuque fléchie, toute bouclée, toute lasse. »

Cette petite scène de la vie d'adolescente de Sabrina illustre le malentendu qui s'installe si souvent dans la relation aux parents. Elle avait quinze ans et voulait exister pour sa mère, que d'autres soucis occupaient. Bien que connaissant les contraintes dans lesquelles celle-ci se débattait, elle ne pouvait en saisir la portée. Seule comptait l'attention qui lui était refusée. Aujourd'hui, elle a compris que les choix des adultes ne sont pas toujours aussi libres et égoïstes qu'ils en ont l'air. Sabrina ne doutait pas, au fond d'elle-même, de l'amour de sa mère. Ce qu'elle lui reprochait alors et dont elle souffre encore aujourd'hui, c'est la forme que prenait cet amour. Il lui manquait la chaleur, les excès, les rires. Trop grave et trop soucieuse, sa mère n'avait pas le temps de lui montrer qu'elle l'aimait.

Étouffer sous l'amour ou l'obligation d'être heureux

« Chez nous, c'est simple, on devait être heureux ! dira Vanessa. Port du bonheur obligatoire ! Doutes, chagrins, difficultés, tout cela était interdit, malséant, injurieux. Oui, c'est ça : injurieux ! Cela aurait été une véritable offense pour nos parents chéris. On aurait été de mauvais enfants si on n'avait pas été toujours contents. Avec tout ce qu'ils avaient fait pour nous : ma mère avait fait une analyse, mon père faisait du judo ; tous deux avaient arrêté de fumer... Nous avons même fait une thérapie familiale lorsque j'ai redoublé ma cinquième ! »

Avec dérision, Vanessa pose le problème délicat du pardon des enfants qui n'ont « pas le droit de se plaindre », étant donné les efforts faits par leurs parents pour leur garantir une enfance heureuse. « Quand j'ai dit à ma mère que je démarrais une thérapie, elle a failli tomber à la renverse. Elle bafouillait que je n'avais jamais vraiment eu à souffrir, qu'elle ne voyait pas de quoi j'aurais eu à me plaindre. J'ai l'impression qu'elle ne conçoit ma vie que comme le prolongement de la sienne. Si j'ai mal au ventre, c'est qu'elle a dû trop manger, me nourrir à l'excès ou me parler insuffisamment quand j'étais petite ; si je sèche un cours, c'est qu'elle m'a allaitée trop longtemps ! »

Difficile de pardonner pour celui qui ne peut s'autoriser au reproche ; difficile de vivre pour celui qui n'a pas le droit à la distance. La question qui se pose à Vanessa et qu'elle voudrait poser à ses parents, c'est celle de son droit à une existence personnelle. En se sentant coupable de tout, la mère ôte à sa fille toute autonomie, tout libre arbitre. Derrière la tendresse peut se profiler un désir de possession, une emprise dont l'enfant peine parfois à se libérer. Devenir autonome, c'est prendre l'initiative d'une séparation psychique que les parents n'ont pas su élaborer.

Yvette parle d'une situation assez proche : « J'ai été couvée par mes parents, ils m'ont étouffée ; je ne pouvais rien faire, ni sortir, ni danser. C'était sinistre à la maison. Pourtant ils m'aimaient, ils le croyaient. Je me suis mariée pour leur échapper et ça n'a pas été une réussite. Je leur pardonne, mais eux, ils m'en veulent encore. Comme si j'avais pu passer ma vie avec eux ! » Yvette comprend d'ailleurs assez bien ce qui a pu se produire : « Ils m'ont conçue sur le tard. Leur vie avait pris sa vitesse de croisière. Ma naissance ne pouvait rien changer sans tout déstabiliser. Ma mère a vécu ma naissance comme un miracle. Elle était allée à Lourdes lorsqu'elle était très jeune et pensait avoir été exaucée, tardivement d'ailleurs, à la suite d'une prière ou d'un vœu anciens. J'étais un cadeau, un peu embarrassant, mais précieux, qu'il fallait garder en bon état. Un peu comme si on m'avait eue en dépôt et qu'il fallait me rendre intacte à quelqu'un qui viendrait me réclamer. C'est fou, non ? Je me demande si ma mère accordait à mon père la moindre part dans ma conception. Son délire était total : j'étais un don du ciel. En fait, j'étais sacrément emprisonnée, ficelée. »

Aucun enfant ne peut vivre avec bonheur des années d'enfermement affectif où il se sent l'otage de ses geôliers. Sous la vigilance et les démonstrations d'affection, il devine des désirs et des fantasmes qui lui laissent peu d'espace personnel.

C'est dire que l'amour ne suffit pas. Certes, tous ceux qu'on a oublié d'aimer rétorquent qu'abondance de biens ne nuit pas, mais nous aurons le temps de découvrir les dégâts que peut causer l'amour parental lorsqu'il s'apparente à la passion. Nous n'en sommes encore qu'au chapitre des petites choses de la vie et là, il faut nous rendre à une évidence : l'amour n'est pas plus facile à doser en famille qu'ailleurs. Entre ceux qui souffrent du manque et ceux que l'excès étouffe, personne n'est jamais ni suffisamment ni justement aimé. Reste à savoir comment, sur ce constat banal mais constitutif de notre intériorité, s'articulent la question du reproche et celle du pardon. En attendant, il nous faut continuer d'explorer les joies de la famille et les infinies occasions de reproche et de pardon qu'elles nous réservent.

La vie des familles

Certes, l'enfance constitue un vivier inépuisable de doléances et d'acrimonies à l'attention des parents. Or, les reproches aux parents ne cessent pas avec l'âge. De l'injustice et de l'inégalité des amours parentales qui ravagent les fratries aux querelles et empoignades chez le notaire, pardonner à ses parents, c'est l'affaire de toute une vie et de toute la famille.

Ces oracles qui nous empêchent de vivre

Les enfants sont injustes et sélectifs dans leur affection ; les parents le sont autant. Non seulement ils n'accordent pas toujours équitablement leur tendresse à tous leurs enfants, mais certains marquent des préférences selon le sexe de leur progéniture. Bien souvent, ils ne voient pas leur fils ou leur fille mais une image de ceux-ci et ne veulent pas en démordre. Pour être d'une banalité affligeante, ces réalités n'en sont pas moins douloureuses.

« Mon frère a toujours été le préféré, ne cesse de répéter Lydia. Il avait tous les droits. Il a fait tourner mes parents en bourriques. Ils lui passaient tout. Par contre, moi, on me critiquait en tout. Je n'étais jamais assez bonne ; ce que je faisais n'était jamais assez bien... » De la préférence parentale, elle porte une flétrissure, comme si la comparaison avec son frère définissait encore aujourd'hui son existence. Lydia a quarante ans. C'est une perfectionniste. Organisatrice remarquable, rapide et compétente, elle est secrétaire, fait du piano et réussit de fabuleux clafoutis aux fruits rouges. Pourtant, la rivalité avec son frère la ronge encore et diminue à ses yeux la valeur de ses exploits.

N'est-ce pas ainsi dans toutes les familles ? Rares sont les enfants qui évaluent justement leur part d'amour et de considération ; rares sont ceux qui s'estiment aussi équitablement dotés que leurs frères et sœurs. Aucune fratrie n'est exempte de comparaison et de compétition. Aucun parent, quoi qu'il en pense, n'aime de la même manière chacun de ses enfants. C'est bien au contraire dans la singularité de chaque attachement que naît la richesse des familles.

La plupart du temps, ces différences sont niées au profit d'un vernis d'équité qui ne laisse personne dupe. Comment comprendre ces différences et notre difficulté à les reconnaître ? Peut-être en évoquant le fantasme de famille qui préexiste à la famille réelle, soit à la naissance du premier enfant.

En venant au monde, chacun prend une place dans une histoire qui le précède. Son arrivée l'introduit dans un rêve commencé bien avant lui, où il remplit déjà une fonction. Il sera un intellectuel ou un manuel, une écervelée ou un gars solide. On le dira loyal ou ingrat, quoi qu'il fasse, comme si son destin familial s'était scellé à sa naissance ou même avant. « J'ai tout de suite vu que mon fils serait un grand homme. Rien que dans sa façon de gigoter », nous déclarera sans rire une mère. « Toi, dès le premier regard, j'ai su que tu m'en ferais baver », dit une autre. Comment l'enfant se débrouille-t-il avec de tels oracles ? Il lui faut faire avec. Il lui faut construire son histoire personnelle sur un canevas prédessiné et tenter d'y tracer sa propre trajectoire.

Julienne nous confie : « La première de mes filles est née en souriant ; ça s'est fait tout seul ! La seconde, ce fut l'enfer : un accouchement atroce. » Elle pense avoir été équitable : « J'ai tout fait pour être juste mais, dès la naissance de la seconde, j'ai bien été obligée de m'occuper d'elle : elle avait tellement besoin de soins, la pauvre petite... Et puis, la grande ne demandait jamais rien ; j'avais l'impression qu'elle n'avait pas besoin de moi. »

Miranda, la grande en question, n'a pas la même version que sa mère : « Elle m'a tout simplement ignorée pendant toute mon enfance. Elle couvait ma sœur comme le lait sur le feu, n'avait d'yeux que pour elle. Moi, je n'existais pas ! D'ailleurs, pour ma mère, tant qu'on n'a pas deux bras cassés, on ne compte pas ! Il faut être malade pour l'intéresser : si je me suis débrouillée seule, c'est que je n'avais pas le choix... »

Comme Miranda, beaucoup d'enfants doivent composer avec l'image que se forgent leurs parents à leur propos. La plupart du temps, ils s'en accommodent et bâtissent leur vie sur ce malentendu. La perception d'eux qu'a privilégiée le regard parental n'est pas fausse, elle est incomplète. En fait, beaucoup de parents ne connaissent pas leurs enfants : ils les voient à travers le prisme déformant de leurs attentes, de leurs désirs. Ils se les imaginent adultes, comme ils les rêvaient enfants, conformes à leurs attentes ou à leurs craintes. Prendre le risque d'élucider ces méprises est une épreuve devant laquelle beaucoup d'enfants reculent. Ils préfèrent maintenir l'illusion qui cimente la paix des familles, tant leur semble difficile à forcer le barrage d'idées reçues ou de chimères que les parents ont pu construire, que ce soit pour refuser ce qui les dérange ou pour poursuivre le rêve qu'ils ont construit. En effet, la réalité de leurs enfants ne concerne pas seulement le couple parental, aux prises avec ses rêves, elle prend place également dans une histoire sociale et culturelle complexe, forte de préjugés et de tabous.

Le malentendu fondamental peut prendre une tournure dramatique. Ainsi, les parents de Carole ne voulaient rien voir, rien savoir de son homosexualité. Elle ne leur pardonne pas leur hypocrisie et leur intolérance : « Je suis allée présenter Laurette à mes parents un jour de mai. J'étais persuadée qu'ils avaient compris depuis longtemps que notre cohabitation cachait une vraie relation. Ma mère nous avait aidées à choisir les rideaux, elle ne pouvait ignorer que le lit du bureau ne serait jamais utilisé... » Carole tremble et serre les mâchoires. « Je garde de ce sombre jour de mai un souvenir terrible. Ma mère a pris un air blessé, comme si je lui faisais honte, ou comme si elle avait mal au ventre, un de ces airs à la fois choqué et souffrant qui lui va si bien et dont elle a le secret. C'était insupportable, elle ne disait rien et nous regardait sans nous voir, nous ne savions pas quoi dire. On ne s'est rien dit. » Carole abrégea son séjour sans qu'on la retienne et rentra avec Laurette. « Nous sommes reparties comme des voleuses, comme des coupables, comme des fautives... »

Carole a maintenant les larmes aux yeux. Depuis ce mois de mai, il y a cinq ans, elle n'a pas revu ses parents. « Si encore ils avaient fait un geste ! Mais, depuis, c'est comme si j'étais morte pour eux. Ma mère, je la connais, elle ne voudra pas céder, mais mon père ! J'en suis malade chaque fois que je pense à lui. »

Certains parents refusent de voir ce qu'ils ont sous les yeux et préfèrent leur rêve à la réalité de leur enfant. Ils n'acceptent ni sa liberté ni ses choix ni sa vie. Celui-ci doit alors surmonter de sérieux obstacles pour exister et pour s'imposer. Son chemin de maturité sera parfois semé d'embûches ; celui de son pardon, d'autant plus difficile.

Reproches et conflits dans la famille élargie

Nous ne pouvons refermer le dossier des manques ordinaires dans la vie de famille sans évoquer les injustices et les cruautés qui continuent de ravager ses membres bien au-delà des années d'enfance.

Même en devenant adulte, même en devenant parent à son tour, chacun reste l'enfant de ses parents.

L'histoire de Lili illustre assez bien les remous qui peuvent agiter un couple quand le vieillissement des parents éveille griefs et reproches. À la mort de son beau-père, Lili s'est occupée de tout. « C'était normal, Alicia, ma belle-mère, était perdue ; j'ai pris les choses en main », dit-elle. Ensuite, le temps a fait son travail et Alicia a rencontré quelqu'un, avec qui elle a « commencé à vivre » selon ses dires. Ils se sont mis à voyager, à danser l'après-midi, à participer à des tournois de cartes. La vieille dame rajeunit. Lili s'en amusait mais Guy, son mari, le fils d'Alicia, haussait les épaules. Lorsque sa mère se fractura le pied, Guy l'accueillit chez lui à la sortie de l'hôpital. « Elle va bien devoir cesser ses enfantillages », disait-il, visiblement assez content de la voir retenue à la maison. Il partit pour un séminaire en laissant sa femme se débrouiller avec sa mère. Lili fit de son mieux pour tout assumer. Sa belle-mère la rendait folle par ses exigences, le désordre qu'elle semait dans la maison, les amis qui venaient lui tenir compagnie. Guy ne voulait rien entendre : « Tu es jalouse, c'est tout. Elle a besoin de soutien ; c'est normal à son âge. » Il fut cependant très contrarié quand Alicia, totalement remise, partit rejoindre son compagnon en laissant Lili abrutie de fatigue.

Lorsque Alicia mourut, d'un arrêt cardiaque, Guy fut choqué de découvrir qu'elle avait épousé son ami et lui avait légué une partie de ses biens. Il ne lui pardonna jamais cette ultime trahison.

Il serait injuste de croire que Guy ne reproche à sa mère que son mariage tardif et tenu secret ou des dispositions testamentaires qui le désavantagent. Ce sont des éléments déclenchants, qui recouvrent un ressentiment depuis longtemps accumulé. C'est un détonateur, un révélateur. Dans l'écume des jours d'une vie adulte, c'est la pointe visible d'un bloc immergé aussi vaste qu'un continent. Et pourtant, peu d'adultes reconnaissent dans la rage qui les soulève à la lecture d'un testament le chagrin d'enfant qui se réveille. Beaucoup de familles se déchirent autour d'une donation, d'un partage, d'un héritage : souvent, derrière les histoires d'argent se cachent de vieilles histoires d'amour.

Si l'argent a une odeur, c'est bien celle de la famille. Dans toutes les mémoires s'entassent des querelles pour de l'argent donné, prêté, avancé, emprunté. À demi oubliées, ces rancœurs resurgissent à l'occasion des noces et des banquets, des successions. Elles agrémentent les repas de famille, les longues soirées d'hiver.

« Mon frère avait obtenu de tante Agathe une somme d'argent non négligeable qui lui avait permis de monter son affaire. Maman, le sachant, s'était arrangée avec l'oncle Paul pour qu'il me lègue, à moi, en contrepartie, le petit clos près du cimetière. Or, avec le remembrement et une fois les impôts payés, je me suis retrouvée avec rien du tout, alors que l'affaire de mon frère prospérait. Quand papa est mort, j'attendais tout naturellement que maman fasse le nécessaire pour que l'injustice soit réparée. Elle n'en a rien fait. Mon frère a toujours été son préféré. Même après toutes ces années, je lui en veux. »

Le récit que Blanche nous fait, de sa petite voix frêle, est d'autant plus émouvant que tout le monde, de tante Agathe au petit clos, a disparu depuis longtemps. Blanche elle-même, sur son fauteuil roulant, à la maison de retraite, n'aurait que faire aujourd'hui de l'argent en question. Sauf qu'il ne s'agit pas d'argent. L'argent est le symbole le plus commode pour représenter ce qui s'échange, ce qui circule, se donne, s'octroie, se reçoit. L'argent symbolise, entre autres, les échanges familiaux. L'amour maternel, la tendresse parentale, l'injustice des préférences, les inégalités et les rivalités dans la fratrie prennent parfois l'allure de louis d'or ou d'un petit clos. L'objet de la discorde n'est souvent qu'un prétexte : sur lui se concentrent des enjeux affectifs et identitaires importants.

Ainsi, Anna critique, avec humour et sévérité, la passion que sa mère éprouve pour son frère et s'en amuse même, jusqu'au jour où un tout petit cadeau lui cause une profonde blessure. « J'aurais tout supporté, mais pas qu'elle lui donne le portrait de mon père et en prive ainsi mon fils. Je ne la comprends pas : mon frère n'a pas d'enfant et il est toujours en voyage; il n'a même pas de résidence fixe... », confiera-t-elle.

Anna est comme beaucoup de mères. Elle a supporté les chagrins de l'enfance, les rivalités de fratrie, les jalousies de famille, les injustices des parents, mais elle regimbe quand son propre fils est concerné. Tout se passe comme si, un jour, une injustice de plus, un mot de trop, un cadeau mal venu, une dernière fausse note dans une vieille rengaine trop entendue déclenchaient des hostilités. Son pardon, comme ses reproches, s'articule autour de sa double position, filiale mais aussi parentale. Ce que la fille supporte, ce que la sœur comprend, la mère le refuse.

C'est d'ailleurs ce que la question du pardon nous fait découvrir : la différence entre ce qui se pardonne facilement et ce qui résiste au pardon ne tient pas à la gravité du reproche, mais à la position de celui qui pardonne. Là où il est engagé dans sa subjectivité, dans son identité, quelque chose se cabre qui le touche personnellement. Le fait qu'il met en avant peut sembler véniel à qui n'est pas concerné; il concentre toutefois pour lui les éléments vitaux de son intériorité. Le pardon, lorsqu'il s'accorde, n'est pas un geste anodin qui signerait la capacité de tolérance de chacun, c'est un acte fondamental qui engage toute la personne.

2

PETITS MEURTRES EN SILENCE

De la carence affective à la menace de destruction

Ce chapitre donne la parole à ceux qui portent plainte : leurs parents ont assassiné leur enfance. Il s'ouvre sur le réquisitoire des mal-aimés, de ceux qui traînent leur vie durant le poids de l'amour qui leur a fait défaut. Il traversera les secrets et les mensonges qui obscurcissent l'enfance et inhibent la pensée, pour s'enfoncer dans la violence psychique des proximités destructrices, quand le fantasme parental dénie à l'enfant son droit à l'enfance. C'est que, derrière le thème fort de l'amour manquant, se profilent d'autres enjeux affectifs où les brûlures de la passion peuvent se substituer aux froidures du rejet : la menace d'une destruction annoncée montre que la proximité tue autant que l'indifférence.

Les témoignages les plus nombreux parlent du manque d'amour. Nous pourrions consacrer une encyclopédie entière à l'analyse des réquisitoires ou des plaintes que les enfants mal-aimés voudraient adresser à leurs parents. Qu'ils formulent leurs attaques ouvertement, avec acrimonie, qu'ils feutrent leurs critiques, qu'ils dressent un constat froid et désabusé ou qu'ils s'enflamment, ceux dont l'histoire est marquée de carences affectives en portent une trace indélébile. Il est moins facile à ceux qui ont souffert des fantasmes parentaux de confier leur détresse : mensonges, secrets ou envahissement affectif témoignent toutefois des multiples façons de tuer l'enfance. Certains pardonneront, d'autres pas. Tous ceux dont nous avons recueilli le témoignage, ou qui ont accepté de nous confier des séquences de leur histoire, analysent avec lucidité et amertume les raisons de leur drame personnel et familial. Ils attendent quelque chose de la vie que leur enfance ne leur a pas donné. Pour certains, c'est une parole de leur parent, l'aveu du manque d'amour ou des mensonges qui leur ont tant fait mal, la reconnaissance de leurs blessures.

Le désir profond qui anime certains enfants de voir leurs parents admettre, reconnaître ou avouer leurs torts n'est pas sans présenter quelques aspects paradoxaux. Beaucoup ne peuvent formuler précisément leurs reproches. Leur plainte est diffuse, c'est plus le sentiment d'avoir subi une injustice que le souvenir d'une offense. Certains affirment attendre de leurs parents la confession qui les soulagerait, pour d'autres, c'est moins l'aveu que le réquisitoire qui fait défaut. Il semble difficile pour le plaignant d'extraire de ses souvenirs des faits précis qui soient à la hauteur de son sentiment de détresse, d'exprimer et d'expliquer l'aura de gêne, voire de désespoir, qui enveloppe son passé. Un voile pudique brouille la mémoire, l'oubli ou le refoulement a embrumé le souvenir ; il ne reste qu'une vague impression de malaise.

N'est-ce pas alors un pardon bien singulier que ce pardon, intime et diffus, qui laisserait l'accusateur libre de ne pas formuler clairement ses chefs d'accusation ? Se pose une question essentielle : peut-on pardonner à ses parents sans les juger et peut-on se pardonner de les juger ? De quel jugement peut-il d'ailleurs être question ?

Nous verrons plus loin que le chemin du reproche reste à faire pour qui veut réellement engager son pardon et l'accorder à ses parents. Reste que ce pardon étrange est justement celui qui s'accorde le plus facilement sans jugement ; celui où l'aveu n'est pas toujours possible, ni nécessaire. C'est que la relation qui se noue entre les parents et les enfants n'est pas une relation de réciprocité. Nul ne peut rendre à ses parents ce qu'il a reçu d'eux, ni en bien ni en mal. Leur pardonner, c'est prendre l'initiative de rompre un lien de ressentiment, d'abandonner une volonté ou un droit de vengeance, de son propre chef, de façon unilatérale. Même s'ils ne font rien pour qu'on leur pardonne, même s'ils ne reconnaissent même pas leurs fautes, même s'ils sont absents, disparus, morts.

Ainsi, les témoignages relateront de nombreuses situations où celui qui a souffert de ses parents ne souhaiterait, en aucun cas, les voir avouer devant un tribunal le crime dont il les accuse. Pas plus qu'il ne voudrait d'ailleurs de rencontre en huis clos où les torts seraient énoncés. Les raisons de ce recul devant la confrontation sont multiples et complexes. L'une d'elles réside dans la singularité du procès intenté. Le plus souvent, même si une attaque solide et circonstanciée précise les reproches, les fautes et les torts, la souffrance ressentie ne trouve pas à s'exprimer autrement que par la plainte. Manque à l'enfant, même devenu grand, une scène susceptible d'en accueillir la charge, un lieu suffisamment intime et symbolique qui permette qu'éclatent la rage et le ressentiment, qui reçoive la honte et l'humiliation de la victime, sans que l'accusateur en soit mortifié. L'autre raison tient au fait qu'il est question d'amour. Le seul aveu attendu est celui de l'amour parental.

Claudie, 50 ans

« Il y a une cinquantaine d'années, dans un petit village de France, mes parents attendaient leur second enfant. Ma mère, qui était comblée par son premier enfant, n'en voulait pas, et mon père désirait plus que tout avoir un petit garçon. Raté pour lui, raté pour elle. Raté pour mon père car je suis une fille. Il a eu tellement de mal à le comprendre que, à l'état civil, lorsqu'on lui a demandé : " Alors, il est né, ton garçon ? Tu l'appelles comment ? " Il a répondu : " Euh, il s'appelle comme toi, Claude, et André, comme le grand-père. " Il faut dire que mon père avait copieusement arrosé ma naissance, le long du trajet, chez les voisins. Voilà, j'étais déclarée à l'état civil : un garçon.

Raté, ce le fut aussi pour ma mère. Elle eut un accouchement des plus difficiles, long, douloureux, dans la chaleur suffocante d'un terrible mois d'août, dans une petite maison sans confort. Moi, j'avais décidé d'arriver par le siège. Sachant ce qui m'attendait, je voulais peut-être faire demi-tour... Forceps, douleur. Enfant cyanosé. Ma mère, dans un moment de folie ou de sagesse, décida de me supprimer, avec un tampon d'éther.

“ C'est un monstre, dit-elle. Et je n'en veux pas, j'ai déjà mon enfant. ”

Mon père, lui, m'a acceptée. Il m'a donné le biberon, m'a langée, m'a aimée. J'ai même été sa préférée. Ma mère, quant à elle, ne m'a jamais acceptée. Elle m'ignorait. Quand elle s'apercevait de ma présence, c'était pour me rabaisser, me blesser au plus profond. “ Tu ne fais jamais rien de bien. Tu es grosse et laide. Tu termineras putain. ” J'étais sa cendrillon, son souffre-douleur. Elle était alcoolique et malade. Je l'ai toujours connue malade et j'ai toujours su que j'étais responsable de sa maladie. C'était ma faute. Je l'ai soignée jusqu'au bout. Elle avait quarante-sept ans et moi vingt-deux quand elle est morte.

Il est toujours temps de pardonner à ses parents ? Sujet délicat et douloureux. Pour mon père qui est décédé à l'âge de cinquante ans, je n'ai rien eu à pardonner. Bien au contraire. Si j'ai eu assez d'amour à donner à mes enfants, c'est grâce à lui. Il m'a protégée de ma mère. Mais, devant elle, il était faible. À sa mort, j'ai eu un fort sentiment d'abandon. J'étais toute seule. Lui pardonner à elle ? C'est plus difficile, c'est plus complexe. Elle a voulu me tuer à ma naissance et elle a voulu tuer mon ego, mon caractère, ma confiance en moi, mon envie de vivre. Elle a d'ailleurs presque réussi. Jusqu'à ce que je fasse une thérapie, je ne savais que subir et être malade. Je n'avais aucun désir. Longtemps après sa mort, elle revenait dans mes cauchemars. Heureusement qu'elle est morte à quarante-sept ans, car je crois que si elle avait vécu, c'est moi qui serais partie. J'ai dû faire un gros travail personnel pour réussir à vivre, à survivre. Encore aujourd'hui, je ne suis pas un modèle de gaieté et de joie de vivre, mais j'arrive à apprécier les belles et bonnes choses de la vie. Toutefois, je reste extrêmement sensible et vulnérable.

Pardonner, c'est donner. Donner malgré tout. C'est renoncer à une vengeance. C'est oublier. Donner ? Je ne sais ce que je peux donner à ma mère. J'espère qu'elle a trouvé la paix là où elle est. Car si elle a agi de cette manière, c'est qu'elle était dans une grande souffrance, dans sa folie. Elle ne m'a jamais parlé de ses problèmes. Elle ne s'est jamais rendu compte de ce qu'elle me faisait. Cette compréhension-là, c'est ce que je peux lui donner. Renoncer à une vengeance ? Je n'ai jamais pensé me venger. J'ai subi, je l'ai servie, soignée, jusqu'au bout.

Oublier ? Non. Cela n'est pas possible. Je peux juste survivre avec mon passé. Oublier, non. »

L'amour en question : l'horreur du manque

« Tu ne m'as jamais aimé ! » À ce cri du cœur répond facilement la voix outragée du parent : « Mais voyons, bien sûr que je t'ai aimé ! Ne t'ai-je pas nourri, veillé, soigné ? Tu oses me reprocher de ne pas t'avoir aimé alors que j'ai sacrifié ma jeunesse pour t'élever. » Et le parent de citer telle ou telle anecdote qui atteste de sa bonne foi, de son dévouement. La victime devient coupable d'ingratitude. Si, au lieu de la dénégation attendue, le parent avoue : « Hélas, oui, tu as raison, je n'ai pas pu t'aimer », la victime n'en est que plus meurtrie. Toute explication n'est pas bonne à entendre. Non seulement la parole crue n'a en elle-même aucune fonction thérapeutique, mais la vérité est trop complexe pour s'énoncer sans contexte.

Ainsi, tout enfant peut supporter un discours explicatif : « J'étais enceinte de toi lorsque ton père m'a abandonnée. Je n'avais rien pour vivre. Ma mère venait de mourir et j'étais effondrée. » Il en a même besoin pour construire son histoire personnelle. En revanche, peu sont prêts à encaisser : « Je sentais pousser dans mon ventre comme un cancer, je savais que l'enfant à venir allait détruire ma vie ; dès ton premier cri tu m'as jeté un regard noir, tu m'en voulais déjà. »

Ces paroles sont probablement aussi authentiques que celles qui précèdent et recouvrent la même réalité. Or, elles n'appartiennent pas au même registre. Les premières rationalisent une matérialité factuelle, les secondes expriment une vérité intime. Si l'enfant a besoin des unes pour penser, il doit, par contre, être protégé des autres. Si la parole est meilleure que le silence, c'est bien parce qu'elle établit une relation et que les raisons avancées sont audibles. Les explications, les arguments et les excuses formulés écartent, provisoirement, les horreurs redoutées. Ainsi l'enfant préfère-t-il les justifications liées au contexte social ou psychologique de la vie de ses parents tandis qu'il redoute d'être mis en cause personnellement. Autrement dit, à la question « Pourquoi m'as-tu fait ça ? » il attend : « Parce que c'était moi, ma vie », et redoute : « Parce que c'était toi. »

Si le parent confondu s'effondre et avoue tout, si l'accusation possède des preuves accablantes et que le coupable se voit contraint de reconnaître la liste des crimes qu'il a commis, dans ses actes et dans ses pensées, que se passe-t-il ? À la blessure infinie de l'enfant peut s'adjoindre la honte de voir son parent humilié. À ses craintes diffuses s'ajoutent des confirmations inattendues. Est-ce à dire qu'aucune parole n'est possible entre les parents et les enfants lorsque le manque d'amour a creusé entre eux un fossé ?

Chaque parent a une histoire : il est l'enfant de ses propres parents. Son passé est nourri des drames qui l'ont fait devenir ce qu'il est. C'est par ce chemin que l'enfant mal-aimé retrouve son parent et le comprend. Il devient alors souvent le premier défenseur de l'accusé. Comment être à la fois la victime, le juge et l'avocat ? Dans ce pardon singulier sont confondus celui qui a porté plainte, celui qui dresse la plaidoirie de l'accusation, celui qui réclame la peine pour le coupable et qui formule les circonstances atténuantes, celui qui va énoncer la sentence et qui va l'appliquer.

Celui qui pardonne à ses parents sans les juger échappera-t-il à ce brouillage ? Se retirer du processus accusatoire donne-t-il de la liberté au plaignant ? Sur quelle scène intime formulera-t-il alors son pardon ? Avant de répondre à ces questions, il nous faut explorer les reproches de ceux qui n'ont pas été aimés pour comprendre avec eux les raisons de ce manque manifeste d'amour parental.

Le rêve de l'enfant parfait

Dans une société où la plupart des femmes peuvent contrôler leur procréation, on parle de moins en moins de l'enfant non désiré qui a hanté les générations passées et dont la littérature et le récit de nos grand-mères portent d'amples témoignages. De l'accident (naissance imposée au « mauvais » moment) à la naissance hors cadre légitime (témoin de l'inconduite parentale, surtout maternelle), en passant par la déception (une fille naît alors qu'on attend un garçon), nombreux sont ceux qui portent le lourd fardeau de n'avoir pas été désirés, de n'être pas conformes, d'avoir par leur naissance naissance bousculé un équilibre précaire dont on leur fait grief.

La maîtrise de la procréation par la contraception laisse-t-elle loin derrière elle la problématique des enfants non voulus ? Rien n'est moins sûr. Toutefois, la figure de l'enfant non désiré tend à s'effacer au profit de celle de l'enfant non conforme, celui qui ne correspond pas aux attentes parentales. Sans être neuve, cette problématique est réactivée par les progrès de la science et de la médecine.

La littérature clinique a mis en évidence la figure imaginaire d'un enfant rêvé qui surgit avec le désir d'enfant, accompagne la grossesse et la naissance, et avec lequel tout nouveau-né doit rivaliser. Venir au monde, c'est faire sa place, non seulement dans la génération et dans la fratrie, mais aussi dans un espace familial saturé de représentations. L'enfant imaginaire, le plus souvent merveilleux et constitué d'idéaux et de perfection, est également un enfant monstrueux, surchargé d'angoisses et de tares. Il devra laisser la place à la réalité d'un enfant ni horrible ni parfait. Le nouvel arrivant ne sera ni un ange ni un démon, rien qu'une petite fille ou un petit garçon, la plupart du temps incomparable, mais ordinaire.

Faire le deuil de l'enfant imaginaire représente une épreuve parfois insurmontable pour qui s'est lancé dans la procréation sans en mesurer la charge psychique. Devenir parent, ce n'est pas simplement mettre un enfant au monde, ce n'est pas se reproduire ou prolonger sa lignée, ce n'est pas acquérir un statut, ni réaliser un rêve. C'est vouloir tout cela et c'est aussi renoncer à tout cela, pour qu'une petite personne puisse accéder à sa vie propre et choisir son chemin.

Éliette nous a confié son témoignage : « J'ai pardonné à ma mère après sa mort. Je ne lui en veux plus, elle ne l'a pas fait exprès. Je lui en ai longtemps voulu car elle m'a dit que j'étais un “ accident ”. Je ne correspondais pas à ce qu'elle attendait, elle voulait des enfants parfaits, sans failles. Nous étions six enfants et, en ce qui me concerne, je n'étais pas exactement ce qu'elle attendait de moi. Elle attendait la perfection, elle avait beaucoup de principes. »

Avec lucidité et indulgence, Éliette nous explique que sa mère avait eu un père alcoolique dont elle avait dû beaucoup s'occuper. « Aujourd'hui, je me dis qu'elle n'était peut-être pas faite pour avoir autant d'enfants et si rapprochés. Elle a dû se sacrifier pour nous et sans doute nous en vouloir. »

Elle précise même que ses frères et sœurs ne la comprennent pas toujours. Ainsi porte-t-elle le poids de beaucoup de fautes : elle ne correspondait pas aux attentes de sa mère et ose même lui en vouloir...

Pour Claudie, dont le témoignage ouvre le chapitre, le début dans la vie est difficile. Elle n'a pas été acceptée par sa mère et n'était pas le garçon attendu par son père. Elle en témoigne avec humour. Déclarée garçon par son père et ainsi investie du genre masculin, elle raconte qu'ensuite, à l'âge requis, elle reçut sa feuille de conscription, à une époque où les filles ne faisaient pas leur service militaire. N'étant pas dotée de l'humour qu'elle manifeste aujourd'hui, elle fut vexée de cette convocation, qu'elle vécut comme une humiliation supplémentaire. Le manque d'amour et de considération de sa mère ayant corrodé son existence au point de lui ôter toute estime d'elle-même, le moindre incident de la vie lui était offense. Elle n'eut qu'un allié, son père. Elle puise en lui la tendresse que sa mère lui refuse sans y trouver toutefois le réconfort suffisant pour construire sa vie. Nous verrons que tout l'amour d'un père ne compense pas toujours le trou creusé dans le cœur d'une fillette par le rejet maternel.

Le drame de Claudie s'enracine plus loin que dans une erreur d'inscription sur un registre. Malgré un prénom ambigu, qu'elle transformera pendant sa thérapie, la jeune Claude, même devenue Claudie, souffrira bien plus d'être la fille de sa mère que de ne pas être le fils de son père. Naître fille alors que les parents attendent un garçon, ou inversement, devient rare aujourd'hui où les parents peuvent découvrir le sexe de leur enfant pendant la grossesse et s'y habituer. C'était pourtant une aventure assez commune pour les enfants des générations passées et cela reste une tragédie ailleurs dans le monde.

René, grand gaillard athlétique, nous raconte son histoire avec bonne humeur. « Moi, on m'a habillé en fille avec des anglaises et des broderies jusqu'à ce que j'aille à l'école. Ma mère soupire encore en regardant les photos : “ Ce que tu étais joli, mon chéri ! ” Elle aurait voulu continuer de jouer à la poupée, elle avait peur que je grandisse ; elle m'habillait toujours trop court, trop petit, une ou deux tailles en dessous de ma corpulence, qui n'était pourtant pas bien importante... »

En effet, René, s'efforçant de correspondre aux critères maternels, fut un enfant [illegible]. Il était timide, un peu craintif. Il subit une violente poussée de croissance vers quinze ans, quand ses parents divorcèrent. « Pour m'épargner leurs disputes, ils m'envoyèrent en Angleterre. J'ai fait du sport. Quand je suis revenu, j'avais pris quinze centimètres et au moins vingt kilos. Pour ma mère, ce fut un choc : elle m'a regardé avec horreur, je chaussais du 45. D'un seul coup, je m'étais mis à ressembler à un homme. À partir de là, elle m'a laissé tranquille, je ne l'intéressais plus... »

Sauvé par le sport et la cuisine anglaise, René nous offre une pause joyeuse dans le réquisitoire implacable des enfants mal-aimés. Aujourd'hui, il rit de toute son enfance enjuponnée et dit avoir pardonné sans problème : « La chère vieille folle. Je lui ai pardonné, oui. Il vaut mieux pour moi d'ailleurs ne plus y penser. C'est le passé. Je suis bien dans ma peau aujourd'hui. Comme elle m'a laissé tranquille, je n'ai pas perdu de temps avec la rancune, puisque tout allait bien pour moi. Au contraire, lui pardonner m'a donné encore plus de liberté ! »

De toute façon, même s'il est du sexe espéré, l'enfant nouveau-né n'est pas toujours l'enfant attendu. Il devra faire sa place, dans la réalité familiale, à côté de l'enfant imaginé par ses parents. Le prix à payer sera, pour certains, exorbitant.

Dans l'attente de l'amour

Avoir le sentiment de ne pas avoir été aimé, par l'un ou par l'autre de ses parents, même sans avoir souffert de maltraitance, c'est souvent inscrire sur papier glacé tout ce que l'enfance peut réserver d'horreur paisible. Sans la tendresse initiale, c'est toute l'enfance qui fait défaut. La carence affective agit un peu comme un trou noir qui dévore la vie et brûle la moindre de ses forces. On ne peut dire qu'une enfance heureuse soit la garantie absolue d'une vie adulte riche. On constate souvent, en revanche, combien le désert affectif premier peut gagner les années de maturité.

Parmi ceux qui ont souffert du manque d'amour parental pendant les années cruciales de l'enfance, certains garderont une haine intacte et un vif ressentiment ou construiront une plainte qui ne les quittera pas. D'autres entreront dans la danse macabre des répétitions, récidives et rechutes ou des représailles diverses contre eux-mêmes, plus que contre leurs parents. D'autres encore sauront excuser, oublier, ou même pardonner. Leurs témoignages et leurs confidences, émus ou glacés, sont empreints de retenue, de pudeur, de non-dits. Il faut parfois lire entre les lignes, leur proposer des interprétations, des prolongements.

Ainsi, avec peu de mots, peu d'émotion visible, et sans la moindre emphase, Astrid résume sa position : « Elle ne m'a pas aimée, je n'arrive pas à l'aimer, et je n'arrive pas à pardonner. Je n'arrive pas à lui trouver d'excuse. Trop de douleur accumulée. » Sous l'apparente froideur de son réquisitoire se cache une douleur intense : il est difficile de trouver suffisamment d'amour en soi pour éprouver de l'indulgence, alors que même les tentatives d'explication échouent, que la souffrance n'est pas reconnue. C'est peut-être beaucoup demander à celui qui a dû se battre pour survivre, sans l'appui premier qui fonde la confiance en soi et enracine la force de vivre. L'amour maternel, en particulier, est l'ingrédient de base de toute l'élaboration d'une personnalité. Difficile de se forger une identité sans les premières pierres de l'édifice.

Ceux qui témoignent ici parlent pour tous les enfants qui ont attendu, soir après soir, qu'on vienne les border, qui ont guetté le bruit d'un pas dans l'escalier, espérant le mot tendre qui n'est jamais venu, qui ont pleuré sans que personne vienne les consoler. À travers ces touches infimes, quotidiennement répétées, se joue pour eux le droit de vivre, se mesure la valeur qu'a leur existence. Si leur mère n'a pu le faire, comment peuvent-ils s'aimer ? Leur père ou la vie a pu leur donner toute la tendresse du monde, cela ne peut combler le manque d'amour maternel creusé au cœur de l'enfance.

Dora raconte : « J'avais cinq ans quand mes parents m'ont mise en pension chez des paysans, pour que je reprenne des couleurs après une mauvaise grippe. À l'époque, on craignait beaucoup la tuberculose. Là-bas, j'étais bien traitée, bien nourrie, il y avait le bon air, les vaches, les poules, le lait, les œufs frais... Mais voilà, mes parents ont dû m'y oublier. Je suis restée un peu trop longtemps. J'ai même fait la rentrée des classes suivante. Ma mère était tombée malade, avait été hospitalisée, je ne sais quoi. On ne disait rien aux enfants ; on les laissait dans l'ignorance pour les épargner. Résultat : je me suis sentie abandonnée. J'ai vécu ce séjour comme un abandon délibéré. J'en ai gardé longtemps une sorte de rancune sourde, quand ce n'était pas une souffrance vive. J'avais toujours l'impression que je ne comptais pas, que la vie se jouait ailleurs, sans moi. »

Aujourd'hui, Dora a recueilli suffisamment de détails sur cette période de sa vie pour comprendre les raisons de la prolongation de son séjour. Sa triste aventure me rappelle une toute petite dame qui trottinait dans les couloirs d'une maison de retraite. Chaque fois qu'elle me voyait, elle accourait vers moi les mains tendues et les yeux humides : « Tu es venue me chercher, dis, maman ? Tu es venue me chercher ? » Elle devait aller sur ses cent ans. Comme tant d'autres pensionnaires de très grand âge, elle revivait ses douleurs d'enfant. Il est probable qu'entre l'abandon de son enfance et celui de sa vieillesse la vie lui ait réservé quelques douceurs. Elle avait dû aimer, construire, donner, travailler. Peut-être avait-elle eu des maris, des enfants. Elle avait appris à prendre, à perdre. Mais le retour injuste de la mémoire usée traîne sur les pas du passé et la bloquait dans un repli du temps.

Secrets, leurres et mensonges

« Au commencement était l'amour, disent les mal-aimés, et sur ce manque fondamental j'ai construit ma vie. » D'autres diront : « Au commencement était le mensonge, et sur lui j'ai bâti la mienne. » La parole est maintenant à ceux qui reprochent à leurs parents un manque de clarté, un brouillage de sens, un déficit d'information ; à ceux qui ont vécu dans le secret, dans le mensonge, dans le silence ou le non-dit.

Le brouillage identitaire

Extrêmement discrète, modeste et réservée, Estelle est une fine psychologue. Professionnelle chevronnée, aujourd'hui jeune grand-mère comblée, elle souffre toujours du non-dit qui a entouré l'identité de son père et a installé un mur de silence entre elle et sa mère. Tout est codé dans son monde d'enfant, refermé sur un énoncé clair : elle n'a pas de père; elle est la fille de sa mère. Elle traverse l'enfance en jouant le jeu du secret dont sa mère détient la clé, et en respecte les règles. Puisqu'elle ne doit pas savoir, elle ne sait pas. Or, à la puberté, quelque chose change : l'identité de son père est dévoilée et Estelle ne peut plus fermer ses oreilles : quand une camarade de classe formule ce qu'elle sait déjà, elle décide de ne plus adresser la parole à sa mère.

Derrière la violence du silence qui s'installe entre elles émerge la force de la loyauté qui ligote Estelle et la réduit à l'impuissance. Le contrat implicite qui la lie à sa mère est de se taire : pour ne pas rompre le pacte, elle se tait, et sa mère ne lui en tient pas rigueur. « Elle aurait pu s'en étonner, m'interroger. Non, je ne parlais pas; elle ne disait rien. » Le silence dura des années. Lorsqu'elle a voulu savoir, Estelle s'est renseignée. Ce fut simple : tout le monde savait qui était son père. Ce n'était un secret que pour elle. Un secret entre sa mère et elle.

Que cachait donc le silence de sa mère? Estelle doute qu'il s'agisse simplement d'identité (son père était allemand et l'histoire avait eu lieu pendant l'Occupation). La tolérance du village à l'égard des autres enfants dans sa situation montre qu'il n'était certes pas enviable d'être un « bâtard » ni une « fille de Boche », mais que ce n'était pas infamant au point de construire dessus tout l'édifice du mensonge et du secret. Derrière un secret s'en cache toujours un autre. Françoise Petitot nous le rappelle : « Un secret n'en est un que pour celui qui le décrète tel et pour ceux qui l'ont entendu dans le cadre d'un pacte : celui de garder le secret ! Accepter ce pacte, c'est accepter, voire cautionner le fantasme de celui qui décide qu'il s'agit d'un secret [1]. »

« J'ai confondu longtemps mon père et mon grand-père, nous dit Estelle. À la maison, il y avait une photo sur la cheminée. Ma mère me disait que c'était mon père et ma grand-mère affirmait que c'était mon grand-père. Comme je ne connaissais pas mon père, c'était comme si j'étais la fille de ma mère, de ma grand-mère, et de mon grand-père. »

La lucidité que le long travail thérapeutique a donnée à Estelle lui permet d'illustrer avec clarté ce qui reste si longtemps brouillé chez beaucoup d'enfants à qui on a caché l'identité de l'un ou l'autre de leurs parents. Tout s'emmêle pour qui ne peut connaître sa place dans sa lignée d'appartenance. C'est le fondement de l'identité humaine : une place sexuée inscrite dans la filiation et dans l'alliance. Dès que la question généalogique est floue, c'est tout l'édifice identitaire qui vacille.

Le pacte étrange qui liait Estelle au silence de sa mère ne reposait peut-être pas, comme elle le suppose, sur la nationalité de son père mais sur un fantasme de sa mère. En couvrant de silence l'identité et

1. Françoise Petitot, « Un secret peut en cacher un autre », *in* « Les Secrets de famille », *La Lettre du Grape*, n° 19, Erès 1995, p. 40.

la réalité du père de son enfant, celle-ci avait réussi à reconstituer une cellule familiale avec sa mère et son propre père. Faire un enfant avec ses parents ! Chimère infantile par excellence, c'est le fantasme œdipien même qui se trouve ainsi réalisé. L'enfermement qui s'ensuit pour l'enfant peut avoir des conséquences graves. Plus encore que les carences affectives, les brouillages identitaires et les fantasmes parentaux qu'ils révèlent peuvent détruire. Derrière le secret ou le mensonge, il arrive que l'enfant découvre l'enjeu qu'il représente. La transaction fantasmatique qui le concerne sera pour lui difficile à pardonner.

Au cœur des fantasmes parentaux

Ainsi en est-il de l'histoire de Cyril et de son frère Igor, tous deux choyés et terriblement frustrés d'amour. La découverte qui les a blessés n'est pas celle d'une adoption dont ils n'ignoraient rien, mais le dévoilement des mobiles supposés d'une filiation pour convenances sociales. « Le secret n'est jamais l'information, l'événement lui-même, mais ce qui, pour l'auteur du secret, en fait précisément un secret », nous indique Françoise Petitot [1]. Ainsi la révélation tardive de l'adoption, des naissances hors mariage, ne fait choc pour l'enfant que « parce qu'elle le confronte au fantasme parental qui a organisé cet événement comme devant être caché. Ce qui est alors “ dévoilé ”, c'est le fantasme parental. »

Cyril était à la terrasse d'un café avec sa mère quand elle lui apprit qu'il avait été adopté. « Je ne

1. Françoise Petitot, *op. cit.* p. 81.

lui pardonnerai jamais de m'avoir fait ça. Elle n'avait pas le droit de me le dire comme ça. » Cyril venait d'avoir quatorze ans. Il souffrait beaucoup de l'indifférence de sa mère. Elle travaillait énormément et voyageait beaucoup, laissant ses deux garçons à la maison. « Nous ne manquions de rien. J'ai toujours eu des jouets superbes. Mon frère et moi, on avait tout ce qu'on demandait. Mais les parents n'étaient jamais là ! Depuis le début, on était toujours tout seuls avec des nounous. »

Aujourd'hui, Cyril reproche à sa mère son enfance dorée privée de tendresse mais, plus encore, il insiste avec amertume sur la scène de la révélation. « C'est sa façon de me le dire, comme si elle avouait, par lassitude, en pensant à autre chose, que nous avions été achetés pour décorer le salon... Des chiots de luxe... Alors, la révélation, comme on dit, l'instant magique du dévoilement, c'était raté. » Était-ce une surprise pour lui ? « Non ! On le savait sans qu'on nous l'ait jamais dit. Mais moi j'attendais ce moment comme un cadeau. J'avais imaginé je ne sais quel instant d'émotion qui nous aurait fait devenir enfin véritablement ses enfants. »

En lieu et place d'une reconnaissance symbolique attendue, Cyril découvre avec horreur une autre réa lité, celle du mobile de son adoption : « Elle avait voulu des enfants et se les était procurés. Rien de plus simple. C'était un peu comme si elle nous avait adoptés par convenance sociale, comme elle va au bridge ou comme elle reçoit. Pour ne pas passer pour une égoïste, ni pour une femme stérile, je ne sais pas... Ah, oui, je crois que notre père voulait transmettre son nom, fonder une sorte de dynastie. »

Igor, son frère, ne veut pas en parler. Cyril explique pourquoi : « Elle m'a dit en regardant sa montre : “ Écoute, tu en parles à ton frère, n'est-ce pas ? ”, et c'était tout. Igor allait déjà mal, depuis, il reste au fond. Il est toxico et bientôt il sera mort. »

Les deux frères sont aux prises avec le monde fantasmatique de leurs parents sur lequel ils ont brodé le leur. Cyril attendait de la révélation de son adoption un pacte de réciprocité qui lui a été sordidement volé. Sa déception et sa douleur se sont muées en révolte, en colère. « Igor va mal. Lui aussi veut leur faire payer, mais il n'a que sa vie à jouer et il la joue. » Reprenant son ton emphatique, comme s'il lui était impossible d'en parler sobrement, il poursuit : « Sa vengeance sera terrible ! Il se détruira jusqu'au bout. » Puis, après un moment de silence, il conclut : « Il réussira à les priver du fils qu'ils ont tant voulu obtenir. » La vengeance dont parle Cyril montre combien les enfants sont démunis lorsqu'ils veulent ouvrir les hostilités contre leurs parents et combien la question des représailles reste difficile.

Désirs de mort et mots qui tuent

La mort hante beaucoup d'enfances. Les témoignages que nous allons évoquer maintenant en portent tous la marque. Petites tombes blêmes dans les cimetières, vagues souvenirs brouillés qui sentent la décomposition et le cadavre.

La relation à la mère peut se nouer sur des mots de mort, sur des désirs de mort. Pour qui veut croire à la pureté de la tendresse parentale et qui idéalise la famille et ses valeurs absolues, les paroles qui affirment le désir de mort d'une mère pour son enfant sont terribles. Pourtant, les histoires qui sont relatées ici ne sont pas exceptionnelles. Beaucoup d'enfants non désirés, non conformes, mal venus, emportent dans leurs bagages ces cadeaux parentaux qui empoisonneront leur jeunesse et les poursuivront leur vie durant.

À la déception du père qui attendait un garçon s'ajoutent d'emblée pour Claudie un rejet maternel qui ne se démentira pas et un manque d'amour qui va ravager son enfance. Pour elle, la vie ne commence pas par l'amour mais par la mort. À peine sortie du ventre de sa mère, elle rencontre le vœu de mort de celle-ci à son endroit. On comprend qu'elle déclare avoir eu envie de faire demi-tour. Plus tard, dans son itinéraire thérapeutique, elle verra dans cette fuite première l'origine de son manque de pugnacité ; elle découvrira également ce qu'il lui a fallu d'énergie et de courage pour se cramponner à l'existence aux côtés d'une mère qui, après avoir voulu la tuer, a continué de l'ignorer et de la rejeter.

Malgré une vie bien remplie, des enfants qui la comblent, une jolie maison, des dons reconnus pour l'écriture et pour la peinture, Claudie s'est toujours sentie dévalorisée. Rien n'y fait, ni réussite ni succès, elle n'a jamais gagné la confiance en elle qui lui a fait défaut. Pour elle, comme pour tous ceux et toutes celles à qui leur mère a toujours dit qu'ils ne valaient rien, il est difficile d'avoir suffisamment conscience de leur valeur pour s'autoriser au pardon. En effet, pardonner requiert une force personnelle suffisante pour s'extraire de la tragédie familiale et renvoyer la misère des mal-aimants à leur histoire de mal-aimés. À les écouter, on mesure combien ceux qui pardonnent sortent du champ de la souffrance et prennent de la distance avec leur malheur. Le pardon les met sur une autre trajectoire. Celui qui ne peut pardonner reste enfermé dans son passé. Prisonnier d'une enfance qu'il n'a pas vécue, il ne peut profiter pleinement de sa vie d'adulte.

Le temps ne fait rien à l'affaire. Les mots cruels des mères restent plantés dans les oreilles des filles. Ils bloquent toute autre pensée et détournent les voix qui pourraient les démentir. Les prophéties maternelles des années tendres deviennent des prédictions et des injonctions négatives contre lesquelles il faut se battre.

La séparation en question : fusion, confusion et risque de destruction

Tout amour n'est pas un cadeau, nombreux sont les enfants qui en font très tôt l'expérience. Celui qui se sent l'otage de ses parents, qui ne respire que pour leur donner de l'air, peut passer sa vie à tenter de forcer les murs de la prison invisible qui l'enserre. Il sent peser sur lui une attente, une exigence : sa vie n'est pas sa vie ; elle ne lui a été prêtée que pour qu'il la rende. Il se doit d'être heureux et aimant, reconnaissant, proche ; il ne s'appartient pas. Un autre vit son existence par procuration, il est hanté, comme possédé.

Lorsque la séparation qui permet à l'enfant de s'individualiser n'est pas acceptée, le parent garde la main sur l'existence de son enfant. La dette qui pèse sur lui n'est pas simplement l'humaine contrainte qui relie les hommes aux hommes et les générations aux générations. Ce qu'il perçoit, c'est l'inhumaine obligation de vivre la vie de l'autre, de devoir prolonger ou partager l'existence avec celui qui en a gardé la possession et la procuration. Il n'est pas libre de sa vie : elle lui a été donnée mais son parent en détient l'usufruit. Mortels sont alors les dons d'affection d'un parent qui attend qu'on lui rende la monnaie.

Apparemment, la situation n'a rien d'exceptionnel : elle est une mère attentive, il est un père aimant. Mais la mère ne comprend pas que son enfant chéri veuille fermer sa porte, garder des secrets, s'éloigner, partir. Elle n'accepte pas que sa fille pense, décide, choisisse. Le père reproche à sa fille de manquer de tendresse, de faire fi de ses attentions, à son fils de ne pas suivre sa trace. Là encore, c'est banal. Ce qui est plus grave, c'est qu'à aucun moment ces parents ne peuvent imaginer leurs enfants en dehors du besoin qu'ils ont d'eux. Ils croient ou feignent de croire qu'en faisant « tout » pour eux, en étant des parents exemplaires, voire en sacrifiant leur jeunesse, leur liberté, ils les rendront heureux. En réalité, ils investissent leurs désirs, ils les placent chez l'enfant qui doit les faire fructifier. Comme des usuriers, ils prêtent et attendent les traites. L'enfant peut percevoir ce besoin comme une véritable vampirisation.

En écoutant ceux qui éprouvent ce sentiment d'étouffement, on découvre parfois que le trop-plein en question n'est pas ressenti comme de l'amour, mais comme un envahissement proche de la destruction, une réelle menace pour leur existence.

Une vie pour deux

Avec le témoignage de Juliette, nous entrons dans les terres étranges des enfants vampirisés. « Nous n'avions qu'une vie pour deux. Je crois que c'était elle ou moi. » En voulant vivre sa vie, Juliette pense avoir tué sa mère.

Pour elle, tout a commencé par la peur : « Enfant, j'avais peur de ma mère. Elle me terrorisait. Elle hantait mes nuits, se glissait dans mon lit, venait me réveiller pour me confier ses peines. Elle me racontait des choses affreuses que je ne comprenais pas. Des histoires sanglantes, des morts, des pendus... C'était sa pauvre vie qu'elle voulait me confier, mais moi, je me faisais toute petite dans le lit. J'avais peur. » Le monde de Juliette ne ressemble pas au souvenir d'enfance classique. Pas d'angelots et de lutins dans la nursery, mais des sorcières et des démones : « J'étais glacée de terreur. Je tremblais, je perdais tous mes moyens. Je la considérais comme un vampire qui voulait me sucer le sang. C'est horrible à dire, mais c'est aussi horrible à vivre. Elle m'aurait dévorée si je l'avais laissé faire. »

Juliette était la fille préférée de sa mère. Curieusement, au lieu d'en ressentir les bienfaits, elle percevait l'amour de celle-ci comme un danger, comme une menace. Il n'était pas pour elle un cadeau mais une attente : un appel avide, une pulsion de dévoration. La peur de cette destruction hanta son enfance, puis la haine l'en préserva. Quand vint l'heure de la perspicacité qui donne accès au pardon, Juliette comprit : « La pauvre femme n'a eu aucune chance, même pas celle d'avoir une fille qui l'aime. Elle a traîné une vie de misère, d'échecs, de souffrances et sa seule consolation était sa fille chérie. Elle voulait vivre son enfance dans la mienne, sa vie par l'intermédiaire de la mienne. Enfant, je sentais tout cela confusément et cela me terrorisait. Je n'ai cessé d'essayer de la fuir, de mettre de la distance entre nous, de lui échapper. »

Un enfant ne peut vivre dans le rêve de son parent, si aimant soit-il. Il a besoin d'un espace psychique qui lui appartienne. Beaucoup le trouvent dans la fuite. Les filles se marient, les garçons s'éloignent. Chacun essaie de mettre la distance géographique pour palier la séparation psychique qui fait défaut. D'autres retiennent leur souffle, vivent au ralenti. Pour ne pas faire mal, ils évitent le conflit, la haine et ses débordements, la culpabilité qui s'ensuit, et se cantonnent dans l'inhibition douce, la demi-vie. Ignorant la puissance de l'emprise parentale, personne ne comprend que l'enfant aimé revendique son espace, qu'il veuille partir. Son ingratitude est d'autant plus visible qu'elle tranche avec le dévouement assidu de ceux qui ont souffert du rejet de leurs parents. En fait, qu'il s'agisse de fuir l'emprise parentale ou de supporter le vide affectif, chacun emporte sa peur et ses manques avec lui.

Est-il plus aisé de pardonner l'excès d'amour que le manque ? Nous ne prendrons pas position. Il suffit de rappeler combien l'amour et la haine se côtoient de près dans les souterrains de nos cœurs pour se convaincre que ni l'affection parentale ni l'amour filial n'en sont exempts. Or, rares sont les témoignages qui s'y risquent : il semblerait plus dangereux de réveiller les monstres qui hantent les chambres d'enfants que de confier ses peines d'amours déçues. La force des conventions sociales est telle qu'il semble difficile de parler de la dangerosité de l'amour familial, surtout lorsqu'il s'agit de l'amour maternel. On touche là à un tabou puissant qui rend parfois la question du pardon aux mères difficile à poser.

Les deux visages de la mère

Les mères sont les premières à se croire indemnes de toute ambivalence. « Peut se croire particulièrement aimante une mère qui s'inquiète de toute distanciation, angoissée à la moindre séparation, alors qu'au fond d'elle elle hait le pouvoir qu'a son enfant de se passer d'elle et de s'intéresser à d'autres », explique Annette Fréjaville [1].

En fait, cette mère n'aime que celui qui dépend d'elle et lui obéit, celui qui la prolonge. Elle déteste l'adulte en puissance, qui se dérobe à son pouvoir et veut se dissocier d'elle. Une telle mère a besoin que soit maintenue la relation fusionnelle qui donne de la densité à sa vie, et croit aimer son enfant alors qu'elle hait sa liberté et son autonomie potentielles.

Une mère se penche sur un berceau : qui ne vénère cette scène attendrissante, implantée dans nos mémoires, véhiculée par la culture et les médias ? Or, la réalité psychique est parfois tout autre, complexe, coriace, riche aussi. Comme toute la densité du monde qu'elle incarne, pour l'enfant naissant la mère est multiple. Chaotique et inexplorée, elle est généreuse et lumineuse, brumeuse et avide. C'est Gaïa, telle que la présente Jean-Pierre Vernant [2], une mère universelle, qui conçoit tout, qui prévoit tout, qui contient tout. C'est aussi un personnage gigantesque, primordial, une sorte d'animal monstrueux, humain et non humain. C'est Lilith, une des figures archéty-

1. Annette Fréjaville, « Angoisses de séparation, espoirs de séparation », *in* « Séparation impossible, séparation nécessaire », *Les Cahiers de l'IPC*, n° 10, nov. 1989.

2. Jean-Pierre Vernant, *L'Univers, les dieux, les hommes*, Seuil, 1999.

pales de la féminité [1] que recouvrent les représentations judéo-chrétiennes de la mère sublime et qui persiste sous des formes multiples dans toutes les cultures [2].

Écoutons Juliette décrire sa mère : « Je craignais ses mains qui étaient comme des serres d'oiseau de proie, son profil d'aigle, son regard de rapace. Jamais je ne l'ai perçue comme un refuge ou une protection ; elle n'était que danger pour moi. » De nombreux dessins animés ont mis en scène ces représentations, les contes des nourrices et les cauchemars ont appris à certains enfants à les reconnaître et à les apprivoiser. La mère est douce, attentive et aimante. Elle sourit avec aménité, ses yeux sont suaves, son sourire de miel. C'est aussi une vieille au nez crochu, une ogresse aux cheveux filasses qui porte des robes sales et déchirées. La bonne fée et la vilaine sorcière ne font qu'une. Une mère, c'est un subtil mélange de dons et de frustrations, d'amour et d'ambivalence, de vie et de mort.

Ainsi, Léon nous dira : « Ma mère est toute douceur, une petite voix, un regard bienveillant, une tolérance parfaite. Aucun reproche ne peut la concerner ; si elle a fait des erreurs, c'est par innocence ou alors c'est par excès de gentillesse ; par faiblesse également, car elle n'a pas la force de ceux qui sont mauvais. Elle est si douce et si gentille qu'elle n'a jamais vu le mal s'approcher de moi. À l'entendre, j'étais un enfant parfait et ma douceur valait la sienne. Elle ne veut rien entendre de mes peurs ou de ma solitude

1. Martine Gallard, « La lumière noire, un archétype de la femme oubliée », *in Cahier de psychanalyse*, n° 75, 1992.
2. Georges Devereux, *Femme et Mythe*, Flammarion, 1982.

d'enfant. Rien ne m'a manqué : elle était toujours là. » Cette mère dévouée à son fils n'a vécu que pour lui. Un veuvage l'a laissée éplorée et inconsolable. Léon était sa seule satisfaction, sa raison de vivre. Jamais il n'aurait pu partir, la quitter, la laisser. Leur bonheur suave était de ceux qui sont faits pour durer : jamais de conflits, jamais de reproches.

Or, un jour, Léon fit une découverte qui changea sa vie : « Je me souviens d'un regard d'elle que j'ai aperçu dans un jeu de miroirs. Je ne sais comment j'ai pu attraper ce regard. Je ne l'oublierai jamais. Elle fixait mon pull, posé sur la table. J'ai vu son regard, fixe. J'y ai vu toute la dureté et la cruauté du monde. Ce n'était pas ma mère au bon sourire. Son œil était dur. Son regard impitoyable. J'ai senti fondre sur moi comme un souvenir très ancien, venu du plus profond de mon enfance : je connaissais ce regard ; je connaissais cette femme. »

La plupart du temps, l'enfant aimant ne voit que le doux sourire. Rares sont ceux qui rencontrent le regard qu'a perçu Léon. Or, de nombreux enfants, de tout âge, ont peur de leur mère. L'amour filial et les conventions familiales ne réussissent pas toujours à recouvrir la terreur intime qui surgit le soir, entre chien et loup, la nuit, dans les cauchemars, dans les caves, les maisons vides, les bois et les couloirs et qu'on entend dans les thérapies. La mère elle-même, culturellement persuadée de la nécessaire et bénéfique magie de sa fonction, refoule ou dénie son ambivalence, son désir avide de possession. Refoulée, niée, écartée de nos représentations lénifiantes, la dangerosité maternelle première agit souterrainement et ceux qui l'affrontent coudoient l'enfer. C'est pourquoi seuls l'expérience clinique et l'art peuvent venir ici au rendez-vous des mythes.

Les psychanalystes nous ont habitués à débusquer les pièges de l'idéalisation maternelle en percevant les formes ancestrales qui hantent l'inconscient. Dans les cures, au travers des rêves, dans les fantasmes et les cauchemars d'adulte, la silhouette de l'ogresse apparaît parfois à travers la gentille maman.

Carl Gustav Jung [1] est le premier psychanalyste à reprendre la figure mythique de Gaïa, la mère universelle, pour dessiner les grandes ombres de la possession amoureuse meurtrière de certaines mères. L'ordinaire des cures analytiques a montré depuis que ces forces de mort peuvent habiter toute mère et menacer tout enfant. Pour Léon, il était nécessaire qu'une veilleuse tienne les ténèbres à distance et écarte le surgissement possible de l'ombre maternelle : « D'horribles cauchemars me faisaient tomber du lit. On a dû m'attacher longtemps la nuit. »

Le monde mental de l'adulte serait incompréhensible sans les quelques clés que donne la connaissance de l'univers infantile. Pour avoir accès au pardon des adulte, il faut passer par leurs misères d'enfant. Peurs d'adulte et cauchemars infantiles sont marqués des premières angoisses auxquelles nous ont familiarisés les travaux de Melanie Klein. Il s'agit des angoisses archaïques qui habitent le nouveau-né et qu'il projette sur le monde extérieur. En retour lui vient la crainte d'être attaqué, dévoré, anéanti. Le monde initial est celui des premiers mythes, un univers de chaos, de terreur, traversé de forces et

1. Carl Gustav Jung, *Les Racines de la conscience* (1954), Buchet-Chastel, 1971.

de pulsions que le langage et les relations n'ont pas encore humanisées. Ce monde de persécutions terrifiantes sera apaisé par les bons soins, la nourriture, l'amour et les gratifications de celle qui veille sur l'enfant. Se dessine alors pour lui l'image d'une « bonne mère », qui représente le bien-être et toutes les bonnes choses de la vie. C'est la bonne fée, affable, la tendre et douce, l'enchanteresse, celle que chacun garde en mémoire et qui se fête traditionnellement par des bouquets et des compliments. En opposition, la « mauvaise mère » concentre les menaces de destruction et les peurs d'anéantissement du monde [1]. Et voici la sorcière, la marâtre, l'ogresse aux doigts griffus. Des peintres, des auteurs, des poètes la mettent en scène : elle hante l'inconscient de beaucoup de créateurs qui ne peuvent survivre qu'en la tenant à distance dans un monde parallèle.

Si elle prend pour nous une telle importance, c'est qu'elle rend le chemin du pardon terriblement hasardeux. Pour pardonner à ses parents, il faut sortir du terrier où la peur nous accule, oser le reproche et consentir aux inventaires, aux nuances, accepter l'ambivalence. Pour pardonner à sa mère, il faut oser défier l'entité maternelle. Ensuite viendra éventuellement le temps d'une réconciliation.

Chez le petit, les peurs archaïques ne durent théoriquement qu'une ou deux années, le temps qu'il apprenne à parler et à marcher. Lilith ou Gaïa, la mauvaise ou la bonne mère, fond et se dissout au profit de la figure maternelle connue sous le nom

1. Melanie Klein, *Envie et Gratitude, et autres essais* (1957), trad. Victor Smirnoff, Gallimard, coll. « Tel », 1983, p. 17.

merveilleux de « maman ». Celle-ci partage sa tendresse et ses acrimonies avec le père de l'enfant. Elle va et vient, veille sur son enfant et regarde ailleurs. Elle sent bon et chante doucement ; elle est aussi injuste et se fâche. Elle est bonne et mauvaise tout à la fois. Winnicott parlera d'une mère « suffisamment bonne » pour situer l'écart qui peut éloigner la mère « parfaite » de la réalité [1]. Cette mère « suffisamment bonne », c'est-à-dire pas trop, est la mère que l'enfant grandissant apprend à partager. Il devient alors capable de se représenter l'ambivalence maternelle sans la craindre. Cette ambivalence ordinaire lui donnera toute latitude pour apprendre à aimer, à souffrir, à manquer et à créer.

Une chose est certaine, l'enfant ne peut avoir une mère « suffisamment bonne » que s'il la partage et si elle le partage. La maman, la mère œdipienne, est infidèle à son petit, et le soulage ainsi de la surcharge de ses passions. C'est l'aventure œdipienne dont Freud est le promoteur [2] et qui renvoie aux structures élémentaires de la parenté. L'enfant n'est pas tout pour la mère, elle ne sera pas tout pour lui. Des interdits fondamentaux indépendants de leur bon vouloir mettent des distances entre eux. C'est l'interdit de l'inceste. Si cette matrice parentale structurelle est défaillante, l'enfant reste aux prises avec les forces terrifiantes de la possession et de la destruction, habité par une angoisse qu'aucune bienveillance ne

1. Donald Woods Winnicott, *Processus de maturation chez l'enfant* (1962), trad. J. Kalmanovitch, Payot, coll. « Petite Bibliothèque Payot », 1989, p. 10.
2. Sigmund Freud, « Contribution à la psychologie de la vie amoureuse » (1910), *in La Vie sexuelle*, trad. Jean Laplanche, PUF, 1973, p. 47.

vient humaniser. La proximité maternelle le met en danger.

Lorsque Juliette réussira à penser à sa mère en l'appelant « maman », elle supposera être à une distance suffisante de sa mère pour devenir mère à son tour, sans trop d'angoisse. Tant qu'elle se sentait menacée par la démesure maternelle, elle ne pouvait prononcer le mot « maman », qui l'aurait mise en danger. Son pardon lui a fait découvrir en elle un attachement qu'elle ignorait tant la peur l'avait tenue éloignée de sa mère. Elle lui pardonne lorsqu'elle comprend combien sa mère a souffert et combien les tragédies de sa vie l'ont contrainte à s'agripper à son enfant pour ne pas sombrer. En attendant ce pardon d'adulte, c'est la distance qui la protégera de la peur.

Il en fut de même pour Léon qui ne s'endormait jamais sans veilleuse. Il ne s'est senti libéré qu'en découvrant le regard implacable qui donnait raison à ses peurs. À compter de ce jour-là, il s'est émancipé ; il s'est autorisé à vivre sa vie, malgré les plaintes et les reproches discrètement dissimulés derrière les affabilités maternelles. En revanche, il ne peut toujours pas dire à sa mère combien il a souffert de son aveuglement. « À quoi bon remuer tout ça ? Elle dénie ce qu'elle ne peut affronter. Qui suis-je, moi, pour la forcer à regarder en face ce qu'elle craint ? Il me suffit d'avoir échappé aux pièges de son mensonge. Je ne suis pas son gardien. Par contre, je ne lui en veux plus depuis que j'ai surpris ce regard, depuis que j'ai accepté qu'il fasse partie d'elle. Je crois que cela m'a libéré de la savoir mauvaise. Elle n'est pas " toute bonne " ; elle est comme les autres. Et je lui pardonne volontiers d'être une mère ordinaire alors que j'étais anéanti d'avoir une mère sublime. Irréprochable, elle était tout à fait impardonnable. »

Il est plus facile de pardonner ce qu'on peut reprocher sans prendre le risque de crouler sous la culpabilité ou sous la haine. Celui qui reproche se tient debout, face à son parent. Il est souvent seul avec sa question : qui suis-je pour accuser mes parents ? Et peut-il porter seul son accusation lorsqu'elle concerne les actes graves que ceux-ci ont commis contre lui ?

3

DÉPASSER L'IMPARDONNABLE

Du traumatisme à la guérison, un chemin de mémoire

Tout pardon s'inscrit sur fond de non-pardon, c'est ce qui lui donne de la valeur. Aussi nous faut-il aborder la question de l'impardonnable. S'il semble possible de pardonner l'impardonnable à ses parents, la démarche qui y conduit pose moins la question du reproche par rapport à ce qu'ils ont fait que celle de la survie consécutive à leurs actes. C'est pourquoi il nous faut franchir un premier écueil : comment identifier l'impardonnable ? En dehors de l'avis des intéressés, qui décidera que l'indifférence ou la maltraitance psychique qui ont détruit tel enfant sont plus ou moins impardonnables que les coups qui lui ont marqué le corps ? La proximité de parents déstabilisés est-elle plus dangereuse que leur mépris ?

Nous ne cherchons pas à établir une anthologie de l'horreur familiale, ni une classification des pardons filiaux. En revanche, nous voulons mettre en lumière les démarches qui rendent possible le pardon qu'on accorde à ses parents. D'où le choix de ce chapitre : comment dépasser l'impardonnable ? C'est sur ce chemin que nous rencontrerons la question du reproche. Qu'il se formule ou se taise, il doit d'abord se penser. Avant de formuler un reproche à quiconque, et surtout à ses parents, il faut pouvoir dépasser la sidération et l'effroi. Passer d'un événement subi à un événement pensé. Ensuite, peut-être sera-t-il possible d'en formuler l'accusation à qui l'a fait subir.

Loin des émotions artificielles ou des condamnations faciles, ceux qui réussissent à pardonner à leurs parents l'horreur qu'ils ont eu à subir de leur fait construisent leur existence à partir de ce qu'ils ont vécu et de ce qu'ils ont pu en penser. Ils doivent intégrer l'impossible et y survivre. Dépasser l'impardonnable engagera toute leur vie.

Alex, 22 ans

« J'ai été ce qu'on appelle un enfant du placard. Je n'ai pas de souvenirs directs de ma petite enfance, je me souviens de ce qu'on m'a raconté. Une drôle d'histoire. J'ai vécu dans un placard. Et ensuite je n'ai pas arrêté d'être placé. Je crois que j'ai été placé dix fois dans des familles et dans des foyers.

Ma mère m'a eu alors qu'elle avait quinze ans. C'était une gamine. Elle a vécu dans un foyer pour jeunes mères et, quand elle a pu, elle s'est installée avec moi dans un studio. Elle dit que, là, elle était bien, qu'on était tranquilles tous les deux. Le problème, c'est qu'elle me laissait enfermé dans l'appartement, dans un placard parfois, pour sortir avec ses copains. C'est dans le placard qu'elle mettait le berceau, pour que les voisins ne m'entendent pas pleurer. Comme ça, elle pouvait sortir le soir et la nuit. Elle aimait danser. Et moi, je la gênais drôlement. Elle ne me faisait pas de mal, elle croyait même bien faire.

D'un côté, on peut comprendre, elle était trop jeune pour avoir un enfant et elle était toute seule. Elle n'avait pas de famille. Personne pour s'occuper d'elle. Mais quand les flics sont venus me chercher, il paraît que je ne marchais pas, j'étais sale et je ne parlais pas. J'avais trois ans.

Elle ne voulait pas qu'on m'emmène. Il y a eu un sacré grabuge, elle s'est jetée sur les flics, elle hurlait qu'on lui prenait son petit ! Bien sûr, je ne m'en souviens pas mais elle me l'a tant et tant raconté que c'est comme si je voyais la scène : ma mère qui saute au visage des flics pour qu'on ne lui prenne pas son petit. C'est une vraie tigresse quand elle s'y met. Ils ont eu du mal pour m'embarquer. C'est comme ça que tout a commencé.

Pour mon premier placement, j'ai vraiment eu de la chance. On peut dire que je suis bien tombé. On m'a mis chez ma nounou. Ma nounou, c'est comme ma mère. C'est là que j'ai été heureux. Elle m'a tout raconté et m'a tout appris. Je me souviens de tout et, comme j'y retourne souvent, c'est facile d'avoir des souvenirs. Chez eux, j'étais bien. On me donnait à manger au coin d'une grande cuisinière, je me souviens très bien de la cuisinière et de la grande cuisine. C'est bizarre, je me souviens mieux de la cuisine que de ma chambre. J'ai vécu là plusieurs années.

Puis, un jour, ma mère s'est pointée pour me récupérer. Je ne la reconnaissais pas. Je n'ai pas voulu la suivre. On m'a obligé. Je ne suis pas certain de me rappeler vraiment la scène mais on me l'a racontée : je m'accrochais au tablier de ma nounou et elle pleurait. Elle avait tout juste eu le temps de me faire une valise... Le chien aboyait; ça criait de partout. Et à partir de là ça a été l'horreur. Ma mère gagnait sa vie en faisant le tapin et me laissait tout le temps seul. Elle ne savait pas comment faire autrement.

Le juge m'a replacé dans une famille. Je ne suis pas resté longtemps là-bas, parce que ma mère se débrouillait toujours pour me réclamer. Quand je n'étais pas content, je fuguais. Le juge me disait : " Encore toi! " Il me rendait à ma mère car elle préférait m'avoir avec elle. Quand elle ne savait pas où dormir, elle trouvait toujours le moyen de me confier à quelqu'un. J'étais comme un paquet qu'elle laissait à la consigne...

Lui pardonner, c'est peut-être beaucoup me demander, mais enfin, pourquoi pas? J'ai construit ma vie sans elle. Elle ne savait pas être mère, ça, je le comprends, mais je n'arrive pas à digérer qu'elle m'ait gâché mon enfance... Si elle m'avait laissé chez ma nounou, j'aurais eu une vie normale. Je ne demandais rien d'autre. »

Inceste, maltraitance, sévices : peut-on tout pardonner?

Violence, abandon, inceste, même les spécialistes de la Protection de l'enfance reculent parfois devant ce que peut avoir subi un enfant. En dehors de ces professionnels, l'émotion atteint des sommets lorsque sont divulgués les sévices endurés par un enfant martyr, un enfant du placard. Or, nul ne va plus loin que ne le porte son imagination ou son expérience, nul ne va plus loin que veut le conduire le média qui diffuse l'information.

Les témoignages que nous citons sont parfois lourds de douleur et de ressentiment, mais ils sont aussi riches d'espoir et très souvent pleins d'humour, de fantaisie ou de retenue. Ils nous ont été confiés par des adultes à tout jamais bouleversés, mais vivants. « Blessés mais pas vaincus [1] », selon le titre d'un article de Stephan Vanistendael, qui travaille avec Boris Cyrulnik [2] sur la résilience.

La résilience

La résilience est la capacité à résister aux chocs de la vie, à survivre au pire, à construire sa vie malgré les épreuves. Celui qui a reçu un coup l'encaisse, souffre et rebondit, nous dit Boris Cyrulnik. Loin d'oublier, il garde en mémoire l'événement, l'inscrit dans son histoire, et constitue une identité narrative qui l'aidera à s'adapter.

Ce concept, qui nous vient d'outre-Atlantique, arrive à point pour nourrir la réflexion des professionnels de l'enfance sur la maltraitance et sur l'approche du traumatisme. Il nous permet d'aborder la question du dépassement de l'impardonnable par la voie paradoxale du pardon possible.

C'est ce que disent d'ailleurs depuis toujours les cliniciens et les travailleurs sociaux : les douleurs d'enfance marquent, mais ne tuent pas. La souffrance psychique, comme la douleur physique, provoque des dégâts qui, même importants, ne sont pas irréver-

1. Stefan Vanistendael, « La résilience ou le réalisme de l'espérance. Blessé mais pas vaincu », *in Les Cahiers du Bice*, 1999.
2. Boris Cyrulnik, *Un merveilleux malheur*, Odile Jacob, 1999.

sibles. « En effet, malgré les difficultés innombrables, l'homme a toujours montré des potentialités d'intelligence, d'ingéniosité, et a su réagir face au danger, à la misère, à l'oppression dont il a été victime [1]. »

Ainsi, chacun peut survivre au pire s'il rencontre des gens à qui parler, à aimer, si ces gens lui permettent de restaurer l'image qu'il a de lui-même et que ce qu'il a subi aurait pu détruire. Chacun possède en lui des dons de résilience : ils sont inhérents à la pulsion de vie et ne demandent qu'à se lier aux autres facteurs de vie. Tout le monde est résilient. Ce qui importe, c'est de déterminer comment l'être. Quels sont les facteurs favorisant la résilience ? Il en est de même pour la question du pardon de l'horreur : l'impardonnable ne se définit pas, il s'agit plutôt de chercher les moyens d'en dépasser le traumatisme.

C'est pourquoi, avant de donner la parole à ceux qui témoignent d'un chemin hasardeux vers le pardon, il nous faut insister sur la promesse de vie que chacun détient, quoi qu'il lui arrive. Le temps du pardon peut être long à venir, rien ne presse. En revanche, il est urgent de dire qu'on survit au pire.

Il nous faut commencer par quelques rappels. Le mot « châtiment » et le mot « inceste » dérivent tous deux d'une même racine latine, *cestus*, qui signifie « pur, chaste ». Châtier, c'est rendre chaste. *Incestus*, c'est non chaste. Ainsi, châtier un enfant fut longtemps une façon de l'éduquer, de le purifier de son animalité. Aujourd'hui, les méthodes éducatives

1. Marie-Paule Poilpot, in *Souffrir mais se construire*, Erès, coll. « Fondation pour l'enfance », 1999, p. 8.

ayant changé, on châtie moins, ouvertement en tout cas. Est-ce à dire que l'enfant est mieux protégé et qu'en ne levant plus le fouet sur lui on le respecte davantage ?

Beaucoup d'adultes évoquent l'époque qu'on croit révolue où leurs parents les privaient de nourriture, les empêchaient d'aller en classe, les usaient au travail des champs, les rabrouaient ou les corrigeaient comme des animaux récalcitrants. Tout cela est impensable aujourd'hui : le corps de l'enfant semble même devenu intouchable. Est-ce parce que l'enfant est reconnu comme étant une personne ou parce qu'il est devenu un pur fantasme ? Ce que nous apprend la maltraitance, c'est que l'enfant victime est avant tout, pour l'auteur des sévices, un enfant fantasmé. C'est un enfant à qui n'est pas accordée sa place d'enfant séparé, différent, son altérité, sa consistance et sa qualité de sujet. Il serait vain aussi de supposer que cette projection fantasmatique ne concerne que les enfants maltraités. Les aînées considérées comme des filles fortes à qui l'on n'accorde aucune tendresse, les cadets qui se sentent transparents aux yeux de leurs parents, celles et ceux à qui leurs parents dénient le droit de souffrir savent que tout enfant désiré est un enfant inventé : un rêve d'enfant, un modèle à imiter, à dépasser. Nous avons vu la difficulté de vivre que ce rêve représente pour celui qui n'est pas conforme aux attentes de ses parents ou qui ne peut représenter l'idéal socialement valorisé. Que dire de la détresse de celui qui va rencontrer le fantasme destructeur d'un de ses parents sans que la structure familiale et sociale ne fasse écran et ne le protège ?

Les cliniciens le soulignent : la trace des coups n'est souvent qu'un indicateur de quelque chose de plus grave encore. L'enfant porte sur son corps un indice d'un brouillage ou d'un déraillement dans l'organisation parentale. À l'heure des droits de l'enfant, dans notre société où le modèle éducatif dominant n'est plus la sévérité, les coups portés sur l'enfant sont les signes visibles d'un déséquilibre familial. C'est peut-être ce qui explique que les enfants rabroués et mal nourris de jadis ont pu si facilement survivre, et tant d'autres avec eux, à un monde éducatif sans pitié.

Par contre, si celle qu'a violée son père multiplie les tentatives de suicide, si celui qui a subi des attouchements ne peut plus dormir, c'est que ces enfants sont atteints beaucoup plus profondément que ne le signalent leurs plaies apparentes. Perdus dans leurs souffrances, certains parents déstabilisés, malades ou égarés ne peuvent garantir à l'enfant l'espace et la séparation nécessaires au respect de sa personne. Ils ne peuvent assurer pleinement leur fonction parentale. Ainsi, il leur arrive de s'embourber dans les mécanismes passionnels de la captation et du rejet, dans des turbulences et des dérives où l'enfant sera chahuté, ballotté et harcelé.

« On meurt autant d'un manque d'alimentation et de soins que d'un manque de symboles [1] », nous dit Hélène Cazaux, qui a longtemps exercé les fonctions de juge des enfants. Autrement dit, ce qui fait défaut alors, c'est la capacité à incarner la fonction parentale. Cela ne veut pas dire que l'enfant ne souffrira pas de la gifle ou du manque de soins; cela signifie qu'il

1. Hélène Cazaux, « Instituer la vie », *in Adolescents en famille d'accueil*, Publication Œuvre de l'abbé Denis/CNFE-PJJ, Vaucresson, 1994, p. 102.

saura transformer une souffrance qui ne l'aura pas atteint dans sa construction d'être humain et dans ses infinies capacités d'évolution et de restauration. De son drame personnel, il ne fera pas une tragédie transgénérationnelle. Il souffrira, certes, mais se construira. Malgré les coups, il grandira. À travers les interactions familiales et sociales, dans la richesse des rencontres, par la chance d'événements fortuits et bénéfiques, parents et enfants peuvent dépasser crises et difficultés. Les coups, les offenses, les misères de l'enfance, les injustices constitueront pour eux, comme pour d'autres, le limon ordinaire de vies complexes et riches.

Même bousculé ou meurtri, un enfant peut trouver dans son entourage de quoi survivre. Il découvre vite que la vie ne s'arrête pas au seuil de la maison de ses parents, ni la famille aux bornes de leur guerre conjugale, ni le monde aux limites de leur cruauté. L'enfant apprend vite à aller respirer ailleurs quand le confinement parental l'étouffe. Il sait où trouver le rire qui manque à la maison, la tartine ou la chaleur qu'on lui refuse chez lui. Voisins, cousins, grands-parents, beau-père, belle-famille, le monde est riche en adultes et en tuteurs possibles. Ces rencontres seront pour lui des facteurs importants de résilience ; il pourra s'appuyer sur elles pour dépasser la douleur de ce qu'il subit et construire l'histoire de sa vie : une histoire de survie.

Récits de survie

La clairvoyance d'Alex, étayée par une bonne connaissance de son histoire, lui permet de relater les faits sans jamais parler de souffrance, sans jamais se plaindre. En revanche, à plusieurs reprises, il insiste sur un fait essentiel pour lui : sa mère ne voulait pas qu'on l'emmène, elle ne voulait pas être séparée de lui. À l'appui de sa démonstration quant à l'attachement de sa mère à lui enfant, il raconte même comment elle est venue le chercher alors qu'il était heureux chez sa nounou. Toute sa construction tient à une certitude : sa mère tenait à lui et ne voulait pas qu'on les sépare. Elle tenait à lui, maladroitement, puisqu'elle ne savait pas comment être mère, mais avec persévérance, puisqu'elle n'a cessé d'essayer de le garder auprès d'elle, faisant chaque fois le nécessaire pour le reprendre. Enfant négligé, souffrant de carences éducatives graves, il fait partie de ceux dont la justice s'est occupée et pourtant, fort de l'amour que sa mère a eu pour lui, il peut en partie lui pardonner. Son pardon, comme ses reproches, sera nuancé. Tout en comprenant qu'elle ait voulu vivre sa jeunesse à elle, il reconnaît que ce fut au prix de son enfance à lui.

Lyne a subi l'inceste. Elle ne veut pas donner de témoignage détaillé, mais accepte d'« en dire un mot ». Elle le fait sans jamais nommer son père : « J'avais douze ans quand il est venu une nuit dans ma chambre. Il a recommencé le lendemain. Il venait le soir et repartait au matin. »

Elle ne dira rien d'autre. Son regard a la densité du plomb. Elle reste figée et ne s'anime que lorsqu'elle parle de sa mère : « J'ai voulu le lui dire ; elle ne m'a pas laissée parler. » En disant cela, Lyne se lève et crie : « Aux vacances, elle est partie chez sa mère et je suis restée seule à la maison avec lui. Il ne se cachait plus... Même dans la journée... Quand ma mère est rentrée, je lui ai tout dit. Je l'avais bloquée dans la cuisine et je lui ai donné des détails. Elle ne m'a pas crue. Elle a dit que j'inventais. »

Pour Lyne commence alors une longue période tumultueuse où elle multiplie les tentatives de suicide, les fugues accompagnées d'actes de délinquance et les crises de rage qui la mènent de foyer en foyer. Aujourd'hui encore, jeune adulte en thérapie, boulimique et dépressive, elle garde en elle le poids insupportable du regard de sa mère : « Elle me fixait avec horreur, comme si j'étais un monstre. Elle a détourné les yeux comme si je la dégoûtais. Je n'oublierai jamais. »

Lyne répète qu'elle ne peut pardonner à sa mère. De son père, elle ne dit rien. Tout se passe, pour elle, comme si la scène de la cuisine avait occulté le reste. Certes, le traumatisme premier, c'est le viol dont elle a fait l'objet, mais ce qui lui rend difficile l'élaboration de ce traumatisme, c'est le regard de réprobation de sa mère. Depuis, elle tourne en rond, enfermée dans des culpabilités paradoxales qui l'empêchent de vivre. Elle est coupable du viol et de la dénonciation. De ce qu'elle a fait, de ce qu'elle a dit et de ce qu'elle a subi.

Chaque témoignage nous surprend. Par exemple, Alex passe avec pudeur, presque par inadvertance, sur l'épisode qui retient notre attention et qu'il met en exergue de son témoignage : l'enfermement dans un placard. Lyne parle du regard de sa mère et ne peut rien dire des viols que lui faisait subir son père. Aucun d'eux ne s'attarde sur les scènes terribles, aucun détail, aucun apitoiement, aucune plainte. On pourrait presque dire : aucun reproche; seulement des faits relatés avec maîtrise et distance. C'est le jeu du témoignage qui impose ici ses règles, celles du récit de vie. En effet, ceux qui peuvent parler ont fait un long chemin qui leur a donné accès à une version communicable de ce qu'ils ont subi. Une version relais, à la fois pensable et audible, pour eux et pour les autres.

Du cri au récit se construit la relation d'un événement et se reconstruit l'événement. La relation que chacun entretient avec l'événement se modifie en même temps. Avec humour ou austérité, dans une stridente économie d'émotions, se met en scène et en mots un récit de survie. Ce récit estompe ce qu'il dessine ; il pointe et cache, il laisse deviner. Ainsi s'échafaudent les témoignages. Ils s'éloignent de la plainte, qui est une demande à l'autre adressée, mais ils en gardent la trace. Pour certains, le témoignage devient même une nécessité : dire et redire ce qui ne sera jamais suffisamment entendu.

La sobriété des chroniques qui illustrent ces chapitres laisse dans l'ombre ce que chacun a voulu y laisser. Nous n'intervenons que comme porte-parole, laissant à celui qui veut témoigner la liberté de son récit. Qu'il dénie, refoule ou brode, c'est avec sa propre version des faits qu'il vivra. Aucune survie ne peut en faire l'économie. Elle ne se construit que sur la capacité à se souvenir et à se raconter son histoire, même atroce. Celui que la douleur sidère et qui est pétrifié par le traumatisme ne peut ni penser, ni se souvenir, ni oublier. Survivre, c'est d'abord avoir accès au souvenir, pouvoir l'oublier et surtout pouvoir l'évoquer à peu près librement. La vie psychique de chacun, qu'il ait été victime de maltraitance ou pas, fonctionne sur sa capacité à laisser sa pensée circuler. Raisonnements construits de la journée, représentations codées de la nuit, associations libres des lapsus ou des rêves, toute notre activité mentale et émotionnelle, consciente et inconsciente, repose sur cette mobilité de la pensée. Elle circule par les canaux souterrains de l'appareil psychique plus encore que par les voies de l'entendement et reste énigmatique à tous. Quelle que soit la forme qu'elle prend dans la parole de celui qui témoigne, elle signe sa capacité à survivre.

Petits arrangements avec le passé

Freud s'est servi de la métaphore du « bloc-notes magique [1] » pour comparer la mémoire à une ardoise sur laquelle l'empreinte de l'écriture, même effacée, reste perceptible. Ainsi en est-il de certains jeux de clair-obscur entre mémoire et oubli. Ce qui se garde, c'est une trace qu'une lumière crue rend illisible ; en revanche, un éclairage rasant laisse deviner toutes les inscriptions passées. Chaque fois qu'il est fait place nette pour accueillir un nouveau tracé affleurent des marques anciennes, à demi effacées, toujours présentes.

Lorsque nous sollicitons et recueillons des témoignages sur le pardon et qu'émergent des souvenirs mis en récit, notre attente dessine un contour qui servira de cadre à celui qui se confie. Plus ou moins consciemment, il organisera son texte en fonction de la demande et du demandeur, mais pas seulement.

1. Sigmund Freud, « Notes sur le bloc-notes magique », *in Résultats, Idées, Problèmes*, vol. II, trad. Jean Laplanche et J.-B. Pontalis, PUF, 1985, p. 119.

Comme les empreintes de l'ardoise se réveilleront des désirs anciens, le besoin de porter plainte, celui d'être entendu, d'être pris en considération. N'est-ce pas le fond même de l'invitation à témoigner ? Et pourtant, la réalité de celui dont c'est le quotidien échappe à tous, et je ne prétends pas l'éclairer. Travaillant sur le témoignage et sur le récit, je n'ai accès qu'aux traces que laissent les blessures d'enfance, lorsqu'elles sont attribuées aux parents et qu'elles peuvent se formuler. Dans ce domaine, très personnel, où l'émotion d'hier s'est cousue, au fil du temps, avec les événements de la vie, chacun construit son histoire et invente sa mémoire. Lorsque l'une et l'autre portent sur le souvenir des coups reçus dans l'enfance, le temps déforme l'événement. Untel gardera la joue rouge d'une gifle reçue cinquante ans plus tôt, un autre minimisera la tragédie qui lui a laissé de noires cicatrices sur le dos.

Apprivoiser la souffrance

C'est ce que tente Marie. « J'en ai longtemps voulu à mon père de son alcoolisme, de sa violence. À la maison, c'était l'enfer. Il nous battait, il battait notre mère. Nous avions les traces de sa ceinture incrustées dans la peau, c'est d'ailleurs la raison qui fait qu'on a été signalées. Un jour, j'ai compris ce qu'il avait souffert. Ma mère le trompait ; elle était volage. Et puis, elle est partie. Elle s'est remariée. J'ai fini par pardonner à mon père, mais pas à ma mère. Je ne lui ai jamais pardonné d'avoir refait sa vie et d'avoir eu d'autres enfants. Tout a changé pour moi quand j'ai compris pourquoi il souffrait. Puis un jour, il est revenu. Il m'a parlé. Quand il est tombé malade, c'est moi qu'il a appelée. »

Il semble plus facile de pardonner à celui qui demande qu'à celui qui s'en va, à celui qui exprime un manque qu'à celui qui semble n'avoir besoin de rien. Le manque d'amour laisserait-il plus de traces que les coups de ceinture ? Peut-on risquer cette question à l'heure où le fait de porter à peine la main sur son enfant est immédiatement caractérisé de sévices ?

Une des pistes de réflexion sur le sujet concerne la reconstruction d'un récit autour du traumatisme et la capacité d'en dire quelque chose, de porter plainte ou d'apporter son témoignage. Ceux qui relatent les reproches qu'ils ont pu faire à leurs parents ou l'inacceptable qu'ils ont eu à subir nous aident à mieux déchiffrer cette énigme : comment l'homme peut-il être capable d'aimer et de détruire ce qu'il aime ? Les récits illustrent les rapports que chacun entretient avec ses parents, son enfance, son histoire. Une mémoire familiale circule, qui s'élabore à partir de versions multiples, et subjectives, du roman familial. La mémoire aide à négocier le passé, à le rendre supportable, à en atténuer les brûlures.

La mémoire qu'Alex se construit grâce au récit de sa nounou lui permet la réorganisation dynamique de son histoire, ce qui lui donne la force d'étayer l'avenir (voir les travaux d'Anne Muxel sur la mémoire familiale [1]). Ceux qui restent dans le silence semblent amnésiques, à moins qu'ils ne fabulent. Comme dans la tragédie antique, le chœur est nécessaire pour soutenir un récit. Ceux qui sont seuls ne peuvent rien dire.

---

1. Anne Muxel, *Individu et Mémoire familiale*, Nathan, 1996.

À chacun sa vérité

Les cliniciens, les chercheurs et tous les professionnels de la Protection de l'enfance le savent bien : nul ne doit contraindre l'autre à la vérité. Lorsqu'un « souvenir » fabriqué vient recouvrir un épisode ancien et que l'enfant reconstruit un passé acceptable, il importe de respecter les petits arrangements qui lui sont nécessaires pour survivre. Le travail d'accompagnement consistera à donner à l'enfant le temps, l'espace et les mots pour l'inviter à aller plus loin, vers le mode de pensée, voire de guérison et de pardon, qui sera le sien. Le thérapeute, l'éducateur ne sont pas des policiers ou des juges chargés de faire la lumière sur la vérité factuelle. S'y risqueraient-ils qu'ils feraient intrusion dans l'espace imaginaire que l'enfant tente de reconstruire. En branchant sur lui un projecteur, ils ajouteraient de la violence à la violence passée. La lumière sans ombre du Scialytique qui éclaire le champ opératoire, l'investigation serrée qui instruit le dossier juridique, les recoupements, les confrontations écrasent l'espace du récit. La vérité qui importe au clinicien est celle qui lui est dite. Vérité factuelle, vérité du sujet, même l'expert et le juge doivent articuler entre elles les diverses formes et apparences que prend la réalité. Pour un enfant, comme pour un adulte, rien ne se vit hors le contexte environnemental. Ainsi, la façon dont l'enfant vit les violences commises à son égard appartient à un monde intime qu'il peut difficilement partager.

L'un parlera de ses séjours « en maison de repos » pour évoquer ses hospitalisations. Il ne mentionnera pas les multiples fractures qui en furent les causes. L'autre usera de périphrases pour évoquer « ce qui s'est passé » dans son enfance, faisant de discrètes allusions à un drame, à des problèmes familiaux, à des soucis. Personne ne peut savoir qu'il s'agit de l'arrestation et de l'incarcération d'un père pour violences sur mineur et que celui qui parle en était la victime.

Sur fond de reconstruction s'impriment fortement des traces douloureuses, celles de la position adoptée par l'enfant pendant l'expérience traumatisante. Participation, passivité, soumission, acceptation ou refus, autant de nuances que ne peuvent percevoir ses interlocuteurs. Qui peut, en effet, savoir dans quel partage fantasmatique l'enfant est pris, dans quelle loyauté il est englué, par quelle emprise il est coincé ?

L'enfant est mis en danger quand un brouillage vient perturber les messages parentaux et que la tendresse de ceux-ci tourne à l'érotisation. Sandor Ferenczi, dans un texte célèbre de 1933, parle de la « confusion des langues entre les adultes et les enfants [1] ». Écoutons ce qu'en dit Albert Crivillé, un praticien spécialisé dans la prise en charge des enfants victimes d'inceste : « Si l'adulte, dans sa démarche de séduction, demande et attend la satisfaction de son désir ou, mieux, de sa “ passion ” sexuelle, l'enfant, même consentant et provocateur, demande surtout de l'affection et de la tendresse [2]. »

L'affection et le besoin de protection qu'exprime l'enfant ne peuvent rencontrer sans dommage l'excitation érotique et le désir de possession de l'adulte. « Si à la séduction sexuelle s'ajoute la violence phy-

1. Sandor Ferenczi, « Confusion des langues entre les adultes et les enfants », *Œuvres complètes*, trad. J. Dupont et M. Viliker, tome IV, Payot, 1990.
2. Albert Crivillé, *L'Inceste*, Privat, 1994, p. 107.

sique ou morale, la perturbation de l'enfant ne peut qu'augmenter. Le sadisme direct s'ajoutant à l'excitation sexuelle, l'enfant est doublement prisonnier », ajoute Albert Crivillé. Pour l'enfant, sadisme et sexualité seront dès lors associés. Aimer l'autre sans vouloir obligatoirement le détruire deviendra problématique.

Autrement dit, dans les cas d'abus sexuels, en particulier quand les parents en sont les auteurs, tout un contexte de tendresse, d'attente, de désir donne à l'expérience vécue par l'enfant une aura singulière. Il lui est difficile de démêler la part de son impuissance, de sa peur et de son désir dans l'événement qui le meurtrit. L'enfant aimant est prisonnier de sa tendresse pour son parent.

Il peut lui être nécessaire de construire une version aménagée de la scène, un scénario susceptible de l'aider à survivre, à fabriquer du souvenir autant que de l'oubli. Sa reconstruction le protège ; le contraindre à s'en séparer peut le dénuder et le rendre très vulnérable. « La vérité peut déstabiliser profondément le sujet, si elle est dévoilée trop tôt ; et il faut pouvoir admettre qu'un enfant cherche, dans un premier temps, à la voiler, à la taire [1] », précise un expert auprès des tribunaux. Le voile ne se déchirera peut-être pas de sitôt et l'enfant devenu grand vivra avec son histoire reconstruite, comme nous vivons tous avec nos souvenirs : une cohabitation pudique, un jeu discret avec la vérité.

---

1. Pascal Félician, « Les sommets de la vérité », *in Revue de la Société française de psychologie légale : Conviction intime et abus sexuel*, n° 3, 1998.

La question de l'impardonnable passera par la capacité de chacun à ressentir cette recomposition, avant que puisse s'envisager une forme quelconque de reproche.

De la douleur à la souffrance : le chemin de la guérison

À chacun son monde de souffrances, à chacun ses possibilités de pardon. Avant d'aller plus loin sur le chemin du pardon propre à chacun, il nous faut dire un mot sur les séquelles des atteintes psychiques de la maltraitance. Nous verrons bientôt comment le pardon peut être une des voies de la guérison ; il peut en être la cause et mener celui qui souffre vers l'apaisement ; il peut en être la conséquence et témoigner de la paix revenue. Singulier, partiel, fragile, il ne se manifeste pas de façon grandiose, ne s'énonce pas toujours comme tel, ne fait ni tapage ni effet. En revanche, il révèle la force cachée de tous les enfants blessés. Sourires ironiques ou polis, visages neutres ou enjoués, humour caustique, réserve et retenue ou chaleur et exubérance, bien des adultes que la vie nous amène à rencontrer recèlent des secrets douloureux et ont appris à vivre avec la souffrance.

Nous avons fait un premier constat : même devenu grand, l'enfant meurtri par ses parents garde en lui la trace des vieilles blessures. La douleur porte sur toute scène infantile une lumière crue, qui réorganise frayeurs et peines, les conservant parfois dans leur pureté cruelle. Comme l'ambre conserve le squelette fossilisé d'un insecte, un petit corps mort momifié se voit parfois en transparence. Quelque chose s'est arrêté en chemin qui ne repartira pas sans aide. Dans le monde intime de l'adulte responsable, engagé, sérieux, compétent, reste parfois incrusté un enfant craintif qui ne peut grandir et qui, longtemps après que la menace a disparu, continue d'avoir peur.

Beaucoup attendent qu'une voix extérieure à leur drame les libère du huis clos de leur souffrance. Leur tragédie ne peut s'alléger tant qu'elle reste confinée entre eux et leur bourreau dans un tête-à-tête d'où ils ne sortent jamais vainqueurs tant est forte la mainmise parentale. Non seulement ils attendent une parole, mais ils souhaitent l'irruption d'un témoin. Cette parole, ce regard extérieur, ce témoin non complice sont les points d'appui qui donneront à l'enfant la force de se dégager de toute l'emprise. Non seulement gage qu'une vie sociale peut être envisagée, faite de confiance et d'engagement, mais aussi espoir de mettre fin au processus de répétition. En effet, la machine de la reproduction familiale est une bombe à retardement qui peut frapper insidieusement celui que les blessures d'enfance enferment dans l'abjection. À l'horreur d'avoir subi le pire s'ajoute l'horreur d'en infliger autant, compulsivement, à ceux qu'on aime.

La répétition n'est pas une fatalité

La répétition de l'inceste ou de la maltraitance est loin d'être une fatalité. La pratique clinique et éducative le montre clairement : si tous ceux qui ont été victime d'abus ou de maltraitance ne pardonnent pas entièrement, tous ne reproduisent pas non plus les horreurs qu'ils ont subies. Tous ne s'enferment pas dans la douleur, le désespoir, la plainte, la maladie ou la mort. Certes, le défrichement des voies mystérieuses de la guérison met au jour de lourds symptômes, des rigidités, des accommodements ponctuels, des compromis, mais aussi des petites merveilles de création et de chaleur humaine, des véritables bonheurs de vivre.

Insistons sur l'erreur commune. Personne ne peut dire aujourd'hui, comme c'était l'usage hier, que les enfants maltraités deviennent des parents maltraitants, que les enfants abusés ou négligés deviennent des parents abusants ou négligents. Les travaux sur la résilience ont fait leur place dans la représentation collective de la répétition et, grâce à l'énergie déployée par des cliniciens [1] et au relais pris par les médias, les banalités simplificatrices ont laissé la place à un discours nuancé. Certes, la plupart des adultes engagés dans des comportements violents avec leurs enfants ont eux-mêmes été violentés Cette généralité, qui n'est pas abusive, cache un autre fait : la grande majorité des enfants maltraités, abusés, négligés ne reproduisent aucun des faits dont ils ont souffert. Autrement dit, ce qui se vérifie dans un sens – l'origine de la maltraitance – ne se vérifie pas dans l'autre – le devenir des enfants maltraités. On perçoit dans les deux formules précédentes plus qu'un écart : la distance qui sépare un constat rétrospectif (le passé des uns) d'un pronostic (l'avenir des autres). Autrement dit, en matière de maltraitance et de douleur d'enfance, il est erroné de croire à la transmission intergénérationnelle du pire.

---

1. Boris Cyrulnik, *Un merveilleux malheur*, Odile Jacob, 1999.

À cette banalité « Les gens heureux n'intéressent pas les chercheurs » s'ajoutent des choix techniques et méthodologiques qui renforcent la vision négative communément partagée. Les travaux de recherche privilégient souvent les méthodes rétrospectives (recherche dans le passé des parents maltraitants) par rapport aux méthodes prospectives (suivi d'enfants maltraités). C'est pourquoi, à partir des mêmes données factuelles, apparaît un taux de transmission intergénérationnelle variant de 18 % à 90 %, selon la procédure retenue. Ainsi, sur quarante-neuf parents « ex-enfants maltraités », neuf deviennent des parents maltraitants, soit 18 %. En revanche, sur dix enfants maltraités, neuf sont issus de parents « ex-enfants maltraités », soit 90 %, constate Stefan Vanistendael [1]. Pourquoi ne retenir que le chiffre inquiétant ?

Boris Cyrulnik explique cette représentation par le contexte culturel particulier de nos sociétés, attentives aux difficultés plus qu'aux processus de restauration. Il utilise la célèbre étude de René Spitz [2] sur la « dépression anaclitique », celle qui menace les enfants privés de leur soutien premier, leur mère, comme illustration de la déformation de l'information et comme une tendance de notre culture clinique à mettre l'éclairage sur le malheur. Sur les cent vingt-trois nourrissons privés de mère étudiés, dix-neuf ont développé la forme anaclitique, devenue célèbre, de la protestation, du désespoir et de l'indifférence ;

---

1. Stefan Vanistendael, Jacques Lecomte, *Le bonheur est toujours possible*, Bayard, 1999, p. 213.
2. René Spitz, *De la naissance à la parole. La Première Année de la vie*, trad. Liliane Flournoy, PUF, coll. « Bibliothèque de psychanalyse », 1968.

vingt-trois ont souffert de troubles psychoaffectifs et ont manifesté des conduites antisociales. Personne ne s'est toutefois intéressé aux quatre-vingt-un enfants qui, ayant subi le même traumatisme, ont été blessés mais n'ont pas succombé [1]. Autrement dit, la majorité des enfants s'en est sortie !

Ce que souligne là Boris Cyrulnik, c'est combien le goût du malheur, loin de soulager ceux qui souffrent, les enferme dans un discours fataliste et leur annonce une terrible destinée de répétition obligée de la douleur initiale. Il devient alors quasi impossible de penser au pardon. Comment un enfant peut-il pardonner à ceux qui lui ont fait mal s'il pense qu'il est menacé de faire comme eux ? Quel pardon accorder à ceux qui ont, par leur violence et leur cruauté, hypothéqué non seulement leur vie, mais également celle des générations futures ? Si le pardon est une aventure personnelle, c'est bien que la fatalité n'est pas une donnée irréversible. Si le pardon aux parents existe, c'est qu'il est libre : ni impossible ni contraint.

La souffrance n'est pas la douleur

La répétition n'est pas une fatalité. Le dire et le répéter ne suffit pas. Encore faut-il comprendre les chemins complexes de la guérison. Il ne s'agit pas de substituer à la vision négative du destin une vision béatement positive. Aucune malédiction ne pèse sur les destinées humaines certes, mais ce n'est pas avec de l'angélisme qu'on peut les comprendre. Ne pas

---

1. Boris Cyrulnik, « La résilience, un espoir inattendu », *in Souffrir mais se construire*, *op. cit.*, p. 18.

reproduire ne signifie pas ne pas souffrir. Cela veut dire, construire à la souffrance une autre destinée que la douleur.

La souffrance n'est pas la douleur. Querelle de mots ? Non, je crois que leurs sens, bien que proches, ne sont pas analogues, et que la pensée gagne à les différencier. En ce qui me concerne, j'utilise le terme « douleur » pour nommer ce qui brutalise le corps et l'âme au point de les figer dans le silence ou la plainte. La douleur est malheur, solitude et répétition. Qu'elle vrille le corps ou déchire le cœur, qu'elle surgisse ou s'installe, elle se referme sur nous et nous referme sur elle ; elle isole, elle occupe toute la place, elle réduit la pensée et vide l'espace relationnel. Elle emprisonne dans un étau sans pitié le corps entier et l'âme avec, imposant sa seule présence, sa seule force, sa seule réalité.

La souffrance, quant à elle, est une forme évoluée de la douleur. Elle fait s'ouvrir à soi-même et aux autres.

Je propose donc de réserver le terme « douleur », physique ou morale, pour évoquer cet enfermement autour du mal, et de parler de « souffrance » pour désigner l'épreuve qui n'empêche ni la pensée, ni l'imagination, ni l'échange. La douleur se tait ou crie ou geint. La souffrance se parle, s'exprime.

Souffrir peut conduire à créer, à donner, à aimer, à vibrer. Souffrir n'empêche pas de vivre. Souffrir, c'est vivre. Vivre pour ne plus souffrir. Douleur et souffrance transforment profondément ceux qui les éprouvent, qu'ils en témoignent ou soient contraints au silence.

Les blessures de l'enfance peuvent rester des douleurs la vie durant. Elles seront alors le poison mortel qui, non seulement corrodera l'existence de celui qui fut blessé, mais qui contaminera une grande partie de son entourage. Elles peuvent également se transformer en souffrance, être un ferment vital, une belle charge d'humanité. Il est possible que la souffrance soit transformée par le pardon. Pardonner à ses parents peut être la source de la transformation de la douleur en souffrance et de la souffrance en bonheurs partagés. C'est dire qu'aucun pardon aux parents, qu'il soit accordé, refusé ou retardé, ne peut se construire dans le déni de la souffrance, pas plus qu'il ne peut se penser dans la douleur.

C'est pourquoi il nous faut parler de ceux qui travaillent quotidiennement, dans l'ombre, à transformer la douleur des enfants victimes de leur histoire familiale. Dans de très nombreux cas, sans le travail des praticiens de la Protection de l'enfance, aucun dépassement de l'impardonnable ne pourrait être envisagé.

Le travail des praticiens

Lorsque la presse s'en fait l'écho, chacun suffoque. Les mots manquent devant l'horreur que peut subir un enfant du fait de ses géniteurs. Pourtant, les professionnels de la Protection de l'enfance, les travailleurs sociaux, les cliniciens et les praticiens de la justice affrontent chaque jour ce monde de grande souffrance partagée. Les dossiers des juges pour enfants renferment de nombreuses histoires misérables et pathétiques où la folie et le désarroi des adultes détruisent quotidiennement des enfants. Le juge intervient justement pour protéger les enfants, pour stimuler la capacité des parents à occuper leur place symbolique. Dans la plupart des cas, la famille élargie, l'entourage proche sont suffisants, mais, pour ceux dont les parents ont perdu les repères essentiels, une aide éducative est nécessaire. Cette aide aura pour but de pallier la fonction parentale défaillante. Elle se fera le plus souvent dans le contexte d'une action éducative judiciaire [1], qui visera à étayer ou à restaurer la dimension symbolique de la famille.

L'action éducative judiciaire est ordonnée par un juge pour enfants. Il est le garant des places légale et subjective attribuées par le droit et exercées auprès de l'enfant. En effet, il travaille uniquement dans le cadre de l'autorité parentale, c'est-à-dire sur l'ensemble des droits et des obligations des parents à l'égard de l'enfant. Il n'est pas chargé de définir qui en est le détenteur – c'est le rôle du juge des affaires familiales –, mais de veiller à son exercice. Il n'intervient pas pour punir les parents – fonction attribuée au tribunal correctionnel ou aux assises –, mais pour les aider à tenir leur place de parents, dans le cadre de la loi sur l'assistance éducative [2].

Aider les parents à tenir leur rôle, voilà l'enjeu. Il s'agit de donner à l'enfant un espace psychique suffisant pour qu'il puisse grandir ou pour qu'un travail thérapeutique devienne envisageable. Pour réussir un tel projet, toute une organisation institutionnelle doit être mise en place, et garantie. La fonction de chaque intervenant, éducateur, psychologue, directeur, veilleur de nuit, membre de la famille d'accueil, assistante sociale, etc., doit être clairement définie et

1. Action éducative en milieu ouvert (AEMO).
2. « Lorsque la santé, la sécurité ou la moralité d'un mineur sont en danger ou lorsque les conditions de son éducation sont gravement compromises », article 375 du Code civil.

tenue. Il est essentiel de ne pas reproduire un brouillage des places qui rendrait l'enfant fou. C'est à ce prix que l'action éducative judiciaire redonne à chacun sa place, et ses droits. Les parents et l'enfant, même après des actes de maltraitance grave ou d'inceste avéré, pourront dépasser la douleur brutale et l'enfermement dans la répétition et faire le chemin de leur vie. Ils rencontreront une équipe de professionnels qui leur proposeront conseils et soutien. Il leur sera notifié les attendus de la décision judiciaire d'assistance éducative. Consultation chez le psychologue, rendez-vous chez le psychiatre, enquête sociale, examen médical, note de synthèse, lettres et rapports au magistrat. Des mots seront dits, des propos tenus, des diagnostics seront posés, des propositions faites. Textes et écrits circuleront sur les difficultés familiales et la relation parents-enfant. Le bénéficiaire, le mineur, celui pour qui tout sera mis en œuvre, devra intégrer cette prise en charge dans son monde d'enfant.

L'instruction, l'accusation, la procédure, les auditions, les confrontations, l'incarcération éventuelle, la séparation, le placement... Pour l'enfant vont alterner de longues périodes d'attente, voire d'oubli, et des séquences judiciaires tourmentées. La procédure permettra éventuellement une élaboration du pardon : le temps de la justice donnera du temps à l'enfant. Dans d'autres cas, la machine judiciaire scandera les étapes ; le processus d'apaisement pourra alors adapter son rythme au fil des décisions, de délai en délai.

Mais qu'en est-il de celui qui voit son parent poursuivi par le tribunal correctionnel ou les assises ? Dans les cas où l'enfant victime partage avec son bourreau le poids de la faute et prend à son compte la culpabilité que ne semble pas toujours éprouver son parent, le pardon ou l'apaisement n'est possible qu'après qu'une instance tierce a établi le crime, en a accusé formellement l'auteur, en a disculpé l'enfant.

Toutefois, un point essentiel doit être souligné : le travail des spécialistes de l'enfance consiste à prendre en considération autant la douleur et la confusion des parents que le drame de l'enfant. C'est la condition pour que celui-ci puisse faire son propre chemin de libération, qui passera pour certains par un pardon de réconciliation, pour d'autres par un pardon de mise à distance. D'autres encore ne pardonneront jamais et garderont intactes leur peur et leur haine. Aucun modèle de pardon, aucune contrainte de réconciliation ne viendra jamais normaliser une voie de guérison et la privilégier à d'autres. Chaque chemin est singulier ; il se construit étape après étape. Chacun mène ses pas comme il le peut.

Du véniel à l'impardonnable, qu'il le leur reproche ou pas, ce que l'enfant reçoit ou subit de ses parents le constitue. Il en est fait dans sa chair et dans son âme. De tout cela, il ne pourra jamais se défaire. Il ne peut qu'apprendre à vivre avec la réalité de ses parents et de ce qu'il a vécu avec eux, sans eux, à cause d'eux, tout autant que grâce à eux. Accepter son histoire, c'est se construire des forces pour vivre le présent et l'avenir, sans rester collé aux drames passés. C'est sur le chemin de son apaisement qu'il rencontrera peut-être le besoin, voire la nécessité, du pardon, qui sera alors un des éléments de sa résilience, de sa survie.

II

Pourquoi pardonner à ses parents ?

4

FAUT-IL DES RAISONS POUR PARDONNER À SES PARENTS ?

Le « vrai pardon gratuit » dont parle Vladimir Jankélévitch [1] est un don sublime, une exigence éthique supérieure. Pardonner, *perdonare* en latin, donner totalement, en vain, en toute perte, sans arrière-pensée, est un acte puissant et rare tant le pardon peut se charger de rancune, de calcul, de motifs d'intérêts personnels. C'est que, comme toute action humaine, il répond à une nécessité intime. Qu'il soit recherché pour des bénéfices personnels lui donne même une pertinence psychique que n'aurait pas, pour un clinicien, l'illusion du désintéressement.

Pourquoi pardonner à ses parents ? Pour quelles raisons ? Faut-il d'ailleurs avoir des raisons pour le faire ? Si oui, lesquelles ? Quels bénéfices ceux qui pardonnent attendent-ils de leur acte ?

Cette entrée pragmatique est induite par les récits que nous avons recueillis, par notre écoute de psychologue clinicienne et par notre volonté de désacraliser la notion de pardon filial, de mettre en évidence sa belle charge d'humanité.

1. Vladimir Jankélévitch, *Le Pardon*, *op. cit.*

Certains pardonnent, d'autres essaient, d'autres en refusent la démarche. Ils développent les raisons de leurs griefs et dénient au pardon le pouvoir de les en libérer. En réalité, ceux qui pardonnent, tout comme ceux qui ne pardonnent pas, ne peuvent toujours élucider totalement leurs motivations. Démêler des reproches inextricables n'a déjà pas été simple, débusquer les mobiles du pardon ou du refus est parfois impossible. Nous aborderons toutefois une vérité forte et lumineuse : tout singulier et personnel qu'il soit, ordinaire, incomplet ou grandiose, le pardon porte une attente, un désir, une exigence. Il cherche une voie. La question du pardon à ses parents est la question d'une vie, elle trace le parcours d'une existence.

La carte que nous allons tenter d'en esquisser est celle qu'un explorateur dessine au retour d'une équipée solitaire. Guide, mémoire et souvenirs de voyage, elle indique le chemin qu'il a parcouru ou pensé parcourir ; l'oriente selon sa propre boussole, à l'aide de quelques repères ; l'agrémente de détails de son cru. Qui voudrait suivre son itinéraire découvrirait des erreurs de perspective, des oublis importants, des imprécisions. Aucun promeneur ne pointerait le même tracé, ne rapporterait la même carte. Les voies du pardon sont celles du pardonneur.

Estelle, 56 ans

« J'en ai voulu à ma mère quand j'ai appris que mon père était un Boche. Je ne crois pas en vouloir à mon père. Enfin, c'est beaucoup plus difficile à dire. Mais pour ma mère, j'y vois plus clair étant donné que je lui ai pardonné. Cela n'a pas été simple, j'ai mis des années, toute ma vie en

fait, pour reconstituer l'affaire. Encore aujourd'hui, il reste des points obscurs. J'hésite parfois à reprendre l'enquête.

Tout a commencé pour moi à l'école. J'étais première en allemand et des gamines m'ont crié : " C'est pas étonnant que tu sois bonne en allemand, puisque ton père est boche. " Ça m'a fait l'effet d'une bombe. J'avais douze ans. À partir de ce jour-là et jusqu'à ce que j'aie vingt-neuf ans, je n'ai plus guère adressé la parole à ma mère. En dehors des échanges de la vie courante, je ne lui parlais plus de rien.

Dès que j'ai pu, j'ai quitté ma mère et la région, je suis partie au loin, à la Réunion. Je me suis mariée, j'ai eu deux filles. Puis un jour, j'ai rencontré un homme que j'ai aimé et j'ai voulu lui dire mon secret, persuadée que j'allais le perdre. Je lui ai avoué que j'étais la fille d'un Allemand venu en France pendant l'Occupation. Il m'a dit : " Ah oui ? Et alors ? "

Et alors ? Alors, je me suis rendu compte que je ne savais rien de mon père, rien de son identité mais aussi rien de son histoire. J'ai écrit à ma mère. Je lui ai posé des questions. Elle m'a répondu, par bribes. Il m'a fallu tout reconstituer Elle ne livrait que des informations partielles. J'ai fait une analyse et j'ai retrouvé des éléments de souvenirs que j'avais soigneusement occultés. Ainsi, alors que j'étais petite, à l'école on m'avait traitée de bâtarde et de " quat'zieux ". Comme j'avais pleuré, de retour à la maison, j'avais dû répondre aux questions de ma mère et, pour expliquer mes larmes, j'avais raconté qu'on m'avait traitée de " quat'zieux ". Pas un mot sur l'autre injure. Je n'étais donc pas sans savoir qu'il en était question et que ma mère ne voulait rien en dire.

Dans le village, nous étions cinq ou six à être nés d'unions de Françaises avec des Allemands. Ce n'était pas spécialement mal vécu. Il n'y a eu aucune épuration après la guerre, aucune femme tondue, ma mère n'a eu aucun problème. Bien au contraire, j'ai obtenu des renseignements très chaleureux sur mon père lorsque je suis allée poser des questions. C'était un type bien, m'a-t-on dit. Il a sauvé la vie de mon cousin et de mon oncle. On l'aimait beaucoup au village. Il y a vécu pendant toute l'Occupation. Sa relation avec ma mère a duré quatre ans et demi. Lorsque je rencontrais une connaissance, il arrivait qu'elle me dise : " Alors, comment va ta sœur ? ", et je savais qu'on parlait de ma mère, puisque je suis fille unique. J'ai découvert que mon père avait l'âge de mon grand-père. Ma mère avait seize ans et elle venait de perdre son père, qu'elle adorait, quand elle a rencontré l'Allemand. À son départ, elle était enceinte. Comme ça ne posait aucun problème à sa mère, la vie a continué. Elles se sont bien occupées de moi. J'étais une enfant aimée.

À la fin de la guerre, mon père a été fait prisonnier en Angleterre. Pendant un moment, ma mère et lui ont correspondu. Ensuite, il est rentré en Allemagne, dans sa famille, et il a cessé d'écrire. Il était marié. Ma mère le savait. Jamais il n'avait promis de divorcer. Mais il aurait pu me reconnaître.

J'ai pardonné à ma mère quand elle est morte et que j'ai découvert sa correspondance et un cale-

pin dans lequel elle avait consigné ses pensées lorsqu'il est parti, à la fin de la guerre. Elle était enceinte. Partout, c'était la liesse, la fête. Elle était triste et seule. J'ai retrouvé les lettres qu'elle ne m'avait pas envoyées et j'ai compris combien elle avait aimé mon père. Il était sa grande histoire d'amour. Son secret. Au fil des années, j'ai reconstruit leur histoire. Je suis allée en Allemagne, j'ai fait la connaissance de toute ma famille allemande. Je ressemble beaucoup à mon père. L'une de mes filles ressemble à ses cousins. La question du pardon à ma mère ne se pose plus et pourtant je lui en ai voulu. Terriblement. J'avais le sentiment qu'elle m'avait trahie.

Curieusement, je n'en ai pas voulu à mon père. Certes, je sais qu'il nous a abandonnées, qu'il a arrêté d'écrire, qu'il ne m'a pas reconnue. Mais une autre question commence à me tarauder et je ne sais comment l'affronter : était-il nazi ? Comment échapper à cette question ? Je me convaincs, témoignages à l'appui, qu'il ne l'était pas. Mais j'ai trouvé dans ses papiers, que m'a remis sa famille, une photo cachée sous une autre, encadrée, et qui représentait la mairie de son village où flottait un drapeau avec une croix gammée... Je peux lui pardonner beaucoup de choses, mon enfance, mes doutes, mes questions, ce qu'il a fait subir à ma mère, mais je ne peux même pas envisager qu'il ait été nazi. C'est au-delà de mes forces. Je ne peux pas encore affronter cette question-là. Pas encore. Ce n'est pas une simple question qui n'engage que moi, ça me dépasse. J'ai mis tant de temps pour me découvrir un père, il faudrait maintenant que je sois prête à envisager son infamie... »

Le pardon filial : un pardon qui se donne et ne se marchande pas

La démarche pragmatique qui pose d'emblée les motivations du pardon filial se fonde sur un premier constat : rares sont les parents qui sollicitent le pardon de leurs enfants. Cela arrive parfois à l'occasion d'une crise, au cours d'un épisode de désespoir violent, au seuil de la mort, dans un paroxysme tragique. Toutefois, l'ordinaire de la démarche de pardon à ses parents s'engage le plus souvent sans l'acmé de la confrontation, sans la sollicitation d'un aveu, sans autre énoncé des fautes et des torts que ce qui s'inscrit dans la mémoire et dans le corps.

La question du pardon filial est posée par la vie plus que par les parents eux-mêmes. On comprend ainsi les réticences de ceux qui souhaitent faire disparaître leur malaise. Bousculés par le flot vital qui les pousse vers l'avant et par la mémoire qui les retient, ils butent sur la question du pardon comme sur un mur, comme sur un seuil. Franchir la barre qui les arrête et les maintient entre une vengeance impensable et un pardon impossible sera l'œuvre de leur vie.

Leurs témoignages font apparaître des écueils, des postures délicates, des enjeux inextricables. Certains achoppent sur l'aveu de la faute : ne s'absout que ce qui se regrette. « Le jour où il reconnaîtra ses erreurs, nous en reparlerons ! » Pour d'autres, la clémence n'attend ni remords ni repentir, elle permet tout simplement de survivre à une blessure et de tourner la page. Parfois sont pardonnés des actes et des comportements précis. D'autres fois, la pensée heurte de plein fouet l'impossible question : puis-je pardonner à ces gens-là d'être mes parents ?

Dans beaucoup de cas, il sera question de « se pardonner à soi-même », de se donner le quitus qui permet de continuer, ou de commencer à vivre. Pardonner pour soi, pour se libérer du ressentiment, tourner la page pour vivre d'autres choses que la suite douloureuse de son passé. Il s'agira également de s'accepter comme « enfant de », pardonner à ses parents d'avoir engagé ou maintenu une filiation, une descendance, alors que pesait sur eux un crime, une honte ou encore une charge d'horreur ou d'humiliation.

L'énoncé du pardon crée le pardon

Le pardon devient alors une démarche solitaire, personnelle, égoïste. On pardonne pour soi, pour survivre, pour sauver ce qui importe. Il s'agit de laisser crever les morts, d'abandonner l'horreur au passé, et de s'ouvrir à l'avenir. Aucune faute n'est remise, aucun acte de paix n'est envisagé. Laisser derrière soi l'accusation et interrompre les poursuites en abandonnant les coupables à leur abomination, est-ce réellement un pardon ? Ce sauve-qui-peut s'éloigne certes du pardon profond du philosophe ou du croyant, mais il correspond à un état d'esprit trop répandu pour qu'on le néglige.

Tout pardon est un acte de pensée. L'énoncé du pardon crée le pardon : la parole agit et transforme la relation. Quelle que soit la forme première qui l'a habité, peur ou lassitude, le pardon consenti crée une relation pacifiée qui diffuse son bénéfice sur celui qui pardonne et sur celui qui est pardonné. Le pardon pensé, même s'il est loin du vrai pardon, même s'il est encore entaché de haine et de crainte, apporte une promesse de paix. Dans de nombreux cas, cette forme de pardon filial précoce, prématurée, est lourde de ressentiment. Elle correspond plus à un pardon déclaré qu'à un pardon accordé. Or, ce pardon, encore à l'état larvaire, crée les conditions d'un véritable pardon possible. Il agit sur celui qui devance, par son énoncé, un pardon qu'il n'éprouve pas encore mais qui fait son chemin en lui. C'est en prenant la position du pardonneur qu'il réussira à pardonner.

Ce pardon débutant ne mène pas nécessairement à la réconciliation avec les parents. Si se réconcilier permet de vivre ensemble, de « vivre avec », la plupart des pardons permettent de « vivre quand même », de « vivre sans ». Ils permettent de survivre, ils déblaient l'avenir, ce sont des actes de séparation plus que de liaison. Ils constituent le premier pas vers une réelle autonomie : pardonner, c'est défaire un lien mortifère pour être libre face à de nouveaux engagements. La seule réconciliation que peut envisager celui qui pardonne ainsi pour éviter un naufrage intime, c'est un pacte avec son avenir : il pardonne, sans absoudre, sans juger, sans comprendre même parfois, pour ne plus y penser.

La singularité du pardon filial serait-elle alors de n'être qu'une démarche intime de libération personnelle, sans enjeu de réconciliation, sans don à d'autres que soi-même, sans rêve de retrouvailles ? À y regarder de plus près, même s'il exclut souvent l'idée de grandes embrassades, le pardon à ses parents n'est pas tout à fait un pardon sans réconciliation. Il permet de se réconcilier avec soi-même, de s'apprivoiser, de cohabiter avec son passé, avec son enfance. Il ouvre l'avenir à qui peut alors consentir à devenir parent à son tour, à accepter l'inscription et le legs générationnels. Il s'agit d'une réconciliation avec l'idée de génération, de lignée, de famille, de transmission, d'héritage. Le pardon renoue le fil rompu en permettant ce qui semblait impossible : être à la fois un enfant et un parent, faire de « ces parents-là » les grands-parents de ses enfants. Le pardon prend alors la forme d'une nécessité vitale, celle de la survie de l'individu, tout en l'inscrivant dans la logique transgénérationnelle qui le dépasse.

Chaque témoignage éclaire l'attachement vif qui unit les enfants à leurs parents, le difficile travail de mise à distance que les uns et les autres doivent faire, leur vie durant, pour maintenir, ou trouver, la juste relation de filiation. L'histoire de Noria illustre la complexité d'un pardon filial, celui d'une fille qui aimait trop sa mère pour lui en vouloir...

Noria et sa mère s'adoraient. Elles partageaient un caractère pointilleux, un goût prononcé pour le nettoyage, le rangement et la certitude d'avoir raison sur tout ; elles se chamaillaient pour les infimes détails domestiques, sans jamais se fâcher réellement. Elles se voyaient tous les jours ou se téléphonaient, se cherchant querelle pour tout, se critiquant constamment. Lorsque sa mère eut une crise cardiaque, Noria l'accueillit chez elle. Alors, insensiblement, cette quinquagénaire autonome, grande voyageuse, professionnelle compétente se transforma en une fillette docile. Invalide, la vieille dame trônait au milieu de l'appartement de sa fille d'où elle régissait toute la vie de la maison. En survêtement défraîchi, visiblement harassée, Noria pliait sous la voix plaintive mais inflexible de la malade. La mort de sa mère plongea Noria dans une dépression d'où aucun de ses amis ne parvint à la sortir. Pendant des mois, elle traîna son malaise, laissant son appartement encombré des affaires de sa mère, refusant les sorties, délaissant en partie son travail. Elle tournait en rond, toujours vêtue de sombre, sinistre.

« Sa mort m'a laissée étrangement vide, explique-t-elle. C'est comme si je n'avais pas vécu trente ans loin d'elle et que ma vie adulte s'était soudain évanouie. Mon existence n'avait plus de sens. Pourtant, les derniers mois ont été terribles : elle me rendait folle. Ses exigences prenaient des proportions démentes. Elle me voulait à ses ordres et me rabrouait tout le temps. J'avais beau percevoir son sadisme et son besoin de domination, j'étais incapable de me révolter. Je l'aurais tuée parfois ! »

Après plusieurs mois passés à se morfondre, à prendre des tranquillisants et du poids, Noria se rendit aux conseils de ses proches et accepta d'aller rencontrer un psychologue, avec qui elle eut quelques échanges fructueux qui lui permirent de faire le point sur le nœud complexe de ses relations avec sa mère. Elle vida ses placards, se mit au régime et reprit goût à la vie. « Je me suis rendu compte que je lui en voulais depuis longtemps ; je forçais même un peu sur l'obéissance pour ne pas laisser échapper mes vieilles rancœurs à son égard ! Elle m'a bien pourri la vie, mais je m'en sors. Je me sens mieux depuis que je lui ai pardonné ! »

Ce qui est arrivé à la femme mûre et installée dans la vie, c'est de se retrouver broyée par l'emprise maternelle, qu'elle sous-estimait ou croyait maîtriser.

Noria est célibataire ; croire qu'une vie de famille l'aurait protégée est une de ces illusions qui ne résistent pas longtemps à l'expérience.

La sénilité, la maladie et la mort de nos parents représentent une des épreuves de la maturité. En effet, quelle que soit l'organisation de notre vie d'adulte, qu'on soit en famille ou qu'on chemine en solitaire, la mort de nos proches nous confronte à notre passé et aux liens cachés qui nous unissent encore à nos parents. Épreuve de maturation individuelle, c'est alors également une traversée difficile pour toute la famille, une de ces crises qui, lorsqu'elles touchent l'un, contraignent tous, quel que soit leur âge, à se poser la question de leur propre identité. Le pardon de l'un, lorsqu'il prend sa place dans la crise familiale, représente alors une formidable promesse de liberté personnelle pour tous.

Pardonner : une promesse de liberté

« Heureux qui a pardonné à ses parents », semblent penser ceux qui ont pu poser l'acte de pardon sur leurs blessures. Apparemment rien de plus simple, le pardon serait l'acte pacificateur par excellence. Devant cette évidence surgit une première question : le pardon est-il pansement ou cicatrice ? Pose-t-il un baume sur une plaie vive ou vient-il signaler un processus de guérison ? Nul ne saurait répondre formellement à cette question sans prendre le risque d'en réduire l'enjeu à son drame personnel. Et si le pardon promet à coup sûr paix et bienfaits, pourquoi se refuser l'effet de ses vertus thérapeutiques ?

Les résistances au pardon

Se pose ainsi la question de l'alternative qui est offerte à celui qui ne pardonne pas. Du désir de vengeance au maintien du statu quo, en passant par l'énoncé des reproches et la mise à distance, nous voyons chacun débrouiller son écheveau comme il peut. Derrière chaque motivation énoncée se profile la crainte que le pardon voudrait apaiser : celle de l'éreintement causé par les représailles, de l'anesthésie des atermoiements, de la virulence des réquisitoires. La résistance au pardon apporterait-elle aussi quelques bénéfices secondaires intéressants ? Ces questions trouvent des réponses fort différentes. S'il est évident que certains utilisent le pardon comme un moyen d'atteindre ou d'approcher la paix intérieure, d'autres n'y parviennent qu'après avoir apaisé leurs peurs et leurs ressentiments. Processus et résultat du processus, le pardon est à la fois le moyen et la fin.

Comme finalité, il est loin d'attirer tous ceux qui souffrent de leur histoire familiale et que leurs parents ont blessés. Pour beaucoup, il apparaît comme une mission vaine, indigne ou inutile, un but inaccessible, un projet odieux. Pourquoi pardonner à qui ne le mérite pas ?

Comme processus, il engage la personne blessée, sa force et ses faiblesses, ainsi que son entourage affectif, social, intellectuel et spirituel : il dépend autant de la profondeur de ses blessures que de ses capacités à évoluer et de ses résistances à changer.

« Donnez-moi une seule bonne raison », dit Loïc, en pleine révolte. Il ne peut pas pardonner à ses parents, ne comprend même pas qu'on puisse en évoquer l'hypothèse. C'est pour lui hors de propos. Il est en phase aiguë de haine. Il vient de perdre son compagnon, et sa révolte contre ses parents, qui l'ont rejeté lorsqu'ils ont découvert son homosexualité, l'aide à tenir dans une autre guerre, celle qu'il mène contre la maladie qui vient d'emporter son ami. Il refuse de se soumettre à son père comme il résiste au verdict de la mort : « Je ne pardonne pas aux adjudants », nous dit-il. Il a besoin de toute son énergie pour contester le destin et pense que le pardon lui enlèverait les forces dont il a besoin pour lutter.

Aucune échelle de pardon

De bonnes raisons ? Leila en a vu trois : ses trois enfants. « Avec mes gosses autour de moi, j'oublie mon père et ses coups de ceinture. Quand on devient parent à son tour, on n'a plus de haine ni de larmes à perdre. Si on ne pardonne pas, un jour ou l'autre, on s'épuise. Je crois que nous, les enfants, on ne peut pas entretenir le ressentiment trop longtemps. Si on ne fait pas l'effort de pardonner, on traîne les vieilles querelles, on ressasse et on s'empêche de vivre. On ne peut de toute façon pas se venger et on ne peut pas priver nos enfants de famille, de grands-parents. »

Comme pour beaucoup de femmes et de mères, le combat de Leila porte sur sa vie actuelle et sur l'éducation de ses fils ; elle a délibérément fait le choix d'y consacrer toute son énergie. Elle veut tourner le dos au passé et se concentrer sur l'avenir. Sa volonté de pardonner vise moins à modifier ses rapports à son père qu'à préserver sa relation à ses fils. Comme beaucoup d'autres, elle nous rappelle que le pardon filial s'étaie davantage sur les motivations intimes du pardonneur que sur la gravité des fautes du pardonné potentiel.

« Avant, je lui en voulais énormément de ce qu'il nous avait fait subir à tous. Son humeur, ses exigences, ses injustices. Il n'y en avait que pour mon frère, le petit. Il lui passait tout et nous, les filles, on devait bosser tout le temps. J'ai fait des ménages dès l'âge de seize ans, dans la cité. Aujourd'hui, je m'occupe d'élever mes fils avec une autre image dans la tête, un vrai respect de la femme. Je n'ai plus le temps de pleurer sur les coups de ceinture, la vie continue et je dois m'occuper de mes enfants. »

L'aspiration au pardon et aux bénéfices intimes qu'il semble promettre domine la question de la gravité des actes reprochés. Quand il s'agit des parents, le véniel ne semble pas plus facile à pardonner que l'infamie. Aucune équation ne semble lier directement le mal causé et le pardon possible. Quels que soient les arguments avancés, ils n'appartiennent qu'au seul pardonneur. Il s'agit de ce dont chacun se sent ou se croit capable. Là où il en est de son histoire, des forces le poussent, le retiennent ou le contraignent. Quelle que soit la forme que prendra ce pardon, il sera la conséquence d'une absolue nécessité.

Rompre la chaîne de la répétition

Marielle a quarante ans. Elle est couturière et tient une petite boutique de retouches qui ne désemplit pas. C'est une sorte de salon où les clientes restent longtemps avec elle, à bavarder. Elle a quatre enfants. Martha a trente-cinq ans. Elle est infirmière à l'hôpital. Elle a choisi de travailler la nuit pour s'occuper de son fils, qu'elle élève seule. Elles sont sœurs. Toutes deux ont été placées très tôt : avant deux ans, pour Marielle, l'aînée; dans l'année qui a suivi sa naissance, pour Martha, la cadette. Elles ont subi des attouchements sexuels et des sévices graves de la part de leur père. Quand elles sont devenues majeures, elles ont fait une démarche conjointe pour prendre connaissance de leur dossier à l'Aide sociale à l'enfance et ont découvert des éléments de leur histoire qu'elles ignoraient. À l'origine, leur démarche n'était pas orientée sur une volonté claire de pardonner. Elles voulaient avant tout savoir

Toutes les deux tiennent à dire qu'elles ont pu commencer à pardonner à leurs parents le jour où elles ont eu accès à leur dossier. Marielle explique : « D'abord on est rentrées chez moi et on a bu. On peut dire qu'on s'est saoulées, toutes les deux. Et on a pleuré, on a crié. On s'est comportées comme des vieilles pochardes. Ensuite, petit à petit, on a laissé faire le temps. On pouvait commencer à penser, à comprendre. »

Analyser les motivations de chacun, c'est découvrir la complexité et l'originalité d'une démarche à nulle autre pareille; il faut toutefois élargir la perspective en dénonçant les postulats qui rendraient le pardon impossible. En effet, le pardon est une aventure qui s'inscrit dans la trame de processus psychiques permettant à chacun d'intervenir dans le cours de sa vie. Cette capacité-là existe, nous l'avons vu, et pourtant le discours majoritaire la dénie, en particulier à ceux qui ont subi le pire du fait de leurs géniteurs.

Nous avons vu qu'il était impossible de penser le pardon filial en dehors des petites carences et difficultés ordinaires de la vie et en excluant les grands crimes commis par les parents sur leurs enfants. Or, si des forces immuables contraignent et entravent implacablement le développement humain, aucun pardon ne pourrait être envisagé hors une intervention magique ou divine. C'est pourtant la dimension de l'impardonnable qui donne au pardon sa force et sa beauté. Pour pouvoir le penser, il est nécessaire de déblayer un certain nombre d'idées reçues sur la transmission de la misère et de la violence familiale, sur la reproduction des mêmes schémas, sur la répétition. C'est pourquoi il nous semble important de le dire à nouveau ici. Qu'il s'agisse de l'ordinaire des carences, des griefs quotidiens ou de crimes, personne n'est contraint ni à la répétition ni au pardon.

Beaucoup d'enfants, durement touchés dans leur jeunesse, deviennent capables de sortir de la douleur, d'enrayer la répétition du pire et de témoigner de leur démarche. C'est auprès d'eux que nous rechercherons les motivations de ceux qui pardonnent. En effet, si la vie se charge parfois de régler les petits comptes familiaux et l'ordinaire des blessures d'enfance, il n'en est pas de même pour les drames et les manquements graves à la dignité d'un enfant. Pourtant, ceux qui pardonnent ont parfois subi l'infamie. Pourquoi se lancent-ils alors dans l'aventure du pardon ? Qu'espèrent-ils trouver au bout du chemin ?

5

LES PROMESSES DU PARDON

On emprunte souvent la route qui mène au pardon dans un espoir d'apaisement des douleurs, un désir de libération du passé, une quête de paix intérieure. Ensuite viendra la volonté de recouvrer une parole, une liberté de penser, d'exister par soi-même. Enfin, nous rencontrerons l'espoir de ne pas transmettre l'héritage d'une charge mortelle de silence ou d'infamie : il s'agit de pardonner à ses parents pour devenir parent à son tour.

Alain, 47 ans

« J'ai mis un certain temps à pardonner à mon père. Il m'a fallu peut-être d'abord reconnaître que je lui en voulais et cela n'a pas été une démarche facile. À son égard, j'ai traîné longtemps une gêne, une honte, une forme douce de ressentiment qui ressemblait à de l'amertume, de la rancœur, un mélange de fiel et de doute. Même aujourd'hui, j'ai du mal à définir ce que j'éprouvais. Tant que couvaient en moi ce trouble et cette gêne, je ne pouvais réellement vivre. Je me suis libéré en lui pardonnant et c'est après avoir reconnu que je lui en voulais que j'ai pu pardonner. C'est comme si la pellicule d'ennui qui

m'enveloppait s'effritait enfin et que ma vie prenait des couleurs.

Je lui ai pardonné sa médiocrité. Lorsque j'ai pu le faire, je me suis rendu compte que j'évitais un grand danger, celui de la grisaille dans laquelle je me fondais. Un jour, j'ai pris conscience que je ne pouvais pas continuer à lui en vouloir. Ou plutôt, j'ai compris que je lui en avais voulu et que c'était fini. En fait, j'avais un peu laissé l'affaire de côté pour m'occuper de moi. J'ai commencé à écrire mon enfance et à m'essayer au roman. C'est comme ça, je crois, que j'ai découvert le pot aux roses : mon père n'était pas un héros. Il tremblait devant ma mère; on m'avait laissé entendre qu'il s'était mal conduit pendant la guerre. Il y avait quelque chose de louche dans son comportement. C'était bien avant ma naissance, mais des histoires traînaient quand j'étais plus jeune qui me mettaient mal à l'aise. Personnellement, je le trouvais minable et j'avais même un peu honte de lui. Pendant un temps, j'ai voulu savoir et puis j'ai laissé tomber. Il a toujours été un bon père, attentif, aimant. Je ne savais même pas que je lui en voulais. Je crois que je l'aime vraiment beaucoup et ça m'ennuie de penser que j'avais des griefs à son égard. C'est d'autant plus stupide qu'il ne m'a jamais causé le moindre tort. Je suis né après la guerre. C'était peut-être des racontars. Et même si c'est vrai, ça ne lui enlève rien.

Pourquoi ne pardonnerait-on à ses parents que les torts qu'ils ont à notre égard ? »

Un espoir d'apaisement de la souffrance

Le premier argument avancé est lié à la souffrance. Le pardon est recherché par qui voudrait ne plus souffrir. Après avoir dépassé les stades initiaux de la douleur, échappé à la sidération qui suit le traumatisme, à l'onde de choc des brutalités psychiques, à l'effet retardé de la trahison, à la corrosion des carences précoces, celui-là cherche un peu de paix. Ne plus souffrir autant, c'est le désir de celui qui commence à penser que c'est possible. Nous pourrions, en analogie avec les travaux de René Spitz, dire qu'il a échappé aux stades premiers de sa révolte, la protestation et le désespoir, et n'a pas sombré dans l'indifférence [1]. Le pardon est une voie de souffrance et non pas de douleur. N'est-ce pas l'originalité et la force du pardon aux parents, tel que nous l'avons rencontré, de n'être pas sollicité par le coupable pour apaiser ses remords, mais recherché par la victime pour survivre à ses plaies ?

Rappelons-nous Leila. Mère de trois enfants, elle classe sa triste enfance au registre du passé et réagit avec simplicité : l'énergie dont elle dispose, elle veut l'utiliser pour vivre. Elle ne peut se venger, ne se voit pas traîner son père en justice, ne veut pas priver ses enfants de grand-père. Elle pardonne, après avoir pleuré, après avoir haï, après avoir franchi les épreuves et gagné sa liberté. « J'ai pleuré. J'ai voulu partir. Il m'en a empêchée. Ma mère m'a suppliée de rester. J'ai cédé car je ne pouvais la laisser toute seule mais je lui en ai voulu. Je m'en suis voulu aussi, je

1. René Spitz, *De la naissance à la parole. La Première Année de la vie*, *op. cit.*

n'avais pas assez de haine pour tous les deux ; ma mère m'ôtait ma force... »

Son pardon est un combat. Avec une lucidité rare, elle reconnaît la force de la haine et sa nécessité, la force de l'amour et ses pièges. En effet, il lui a fallu lutter contre sa mère qui voulait la garder près d'elle pour se protéger, pour ne pas rester seule. Leila dit ne pas avoir eu assez de haine pour mener le combat de sa mère ! Elle nous rappelle ainsi que personne ne peut vivre la vie des autres, mener leur combat, souffrir leur peine. Pour arriver au pardon, elle a dû choisir entre sa loyauté de fille et ses devoirs de femme et de mère. Pardonner, c'est effectivement faire un choix. On ne peut mener de front tous les combats. Pardonner, c'est lâcher prise.

C'est ainsi que Leila réussit à s'extraire de sa problématique familiale pour replacer son père dans son contexte culturel. Elle peut alors le regarder avec suffisamment de recul pour le comprendre. C'est un homme comme les autres, pris dans ses limites, il ne fait que ce qu'il peut, en fonction de ce qu'il croit devoir faire. Sur ce constat de fille qui accorde à son père le droit à l'erreur, elle a construit sa posture de mère, elle a dépassé son histoire d'enfant en s'engageant dans une aventure éducative parentale qu'elle veut maîtriser.

Pragmatique, le pardon de Leila est celui d'une jeune femme moderne, active, tournée vers l'avenir, qui nous dit souvent : « J'ai trop pleuré », et qui veut se donner toutes les chances pour que les larmes ne reviennent plus. Avec moins de maturité et de combativité parfois, beaucoup disent la même chose. Ils ne veulent pas rester enfermés dans le malaise de leur enfance et préfèrent pardonner plutôt que traîner un ressentiment qui leur gâcherait la vie. S'ils acceptent de témoigner, c'est que la question du pardon les dérange. Ils aimeraient ne pas avoir à y penser, ne pas être concernés, mais ne peuvent y échapper. Même s'ils ne trouvent rien de précis à reprocher à leurs parents, ils souhaitent leur pardonner pour se libérer du poids qui les attache au passé. Le pardon est alors une étape nécessaire pour avancer dans la vie. Même celui qui énonce un pardon qu'il n'éprouve pas totalement, par urgence de vivre sa propre vie et de se libérer des mâchoires du passé, peut découvrir que le pardon n'est pas un acte anodin. Il ne s'agit pas simplement de lâcher du lest en envoyant par-dessus bord des sacs trop lourds à porter. On ne peut pas partir sans se retourner, n'y plus penser et croire avoir pardonné. Rappelons-nous l'ardoise magique, on peut « tourner la page », mais on ne peut pas effacer ce qui s'y est écrit tant qu'on ne l'a pas lu. L'oubli n'est pas le pardon. C'est en maintenant son désir de paix intérieure que celui qui poursuit sa route vers l'acceptation et la tolérance apprend que le pardon peut se faire par étape, qu'il n'est jamais trop tard pour pardonner un peu plus, un peu mieux...

Alain nous a donné sa version d'une enfance à dépasser et d'un pardon qui se construit par étapes, pour dégager son avenir des pesanteurs du passé. Il s'est libéré en pardonnant à son père. Pour lui, le chemin du pardon, c'est l'itinéraire difficile du dévoilement de la vérité. Dans un premier temps, son analyse montre qu'un fils aimant, et aimé, peut souffrir de ne pas savoir identifier les sentiments qu'il éprouve pour son père. Partagée entre gêne et honte, son affection est mêlée de doutes. C'est par l'écriture qu'il cherche à déchiffrer ses émotions et qu'il découvre la voie première de son pardon. En repensant à son enfance pour comprendre les raisons de son ressentiment à l'égard de son père, il y découvre deux pistes. L'une le concerne et il va l'emprunter : il s'agit de la difficulté d'aimer un père qu'on ne peut admirer. L'autre concerne son père et il va l'ignorer : il s'agit du comportement suspect de son père pendant la guerre.

Nous allons faire comme lui et, dans un premier temps, considérer le rapport d'un fils à son père comme s'il n'était que l'aventure singulière de deux affections. Plus tard, en analysant les questions de transmission générationnelle, nous interrogerons à nouveau la pudeur des fils devant les actes passés de leur père.

Son pardon rouvre le débat sur l'idéalisation nécessaire à l'enfant : le petit garçon a besoin d'admirer son papa. Derrière le brouillage de sa mémoire percent des reproches et des souffrances qu'Alain attribue à la médiocrité palpable de son père, sur fond d'une guerre à la fois récente et oubliée. Aux yeux du petit garçon, l'ensemble crée un réel préjudice, actuel et personnel : l'enfant a été privé de héros. Alain avait un peu honte de lui. De tels reproches peuvent paraître légers à celui qui a subi coups, vexations et brimades en tout genre. Alain le reconnaît lui-même : son père a été un bon père, attentif, aimant, qu'il aime toujours beaucoup. Son témoignage montre comment les reproches de l'enfant sont frappés du sceau de son amour. C'est l'amour qui souffre, qui accuse, qui pardonne. À l'arrière-plan, les réalités sociale, politique, culturelle et conjugale de ses parents lui échappent le plus souvent. Alain ne dit rien de l'ambiance familiale. Il dénonce la domination de sa mère sur son père sans en éclairer ou en expliquer les raisons. Il plante un décor, décrit une atmosphère dont il a souffert sans jamais pouvoir s'en expliquer avec son père. En fait, son pardon est celui de l'enfant qui s'excuse de ne pas avoir compris son père, en même temps que celui de l'adulte qui accepte son père tel qu'il est.

Aventure privée de la relation d'un fils à son père, le pardon d'Alain redonne des couleurs à sa vie. Il se dessine toutefois sur la trame d'une tragédie collective, la guerre, qui éclaire et détermine son drame individuel. Ce qui nous importe, c'est l'apaisement que sa démarche de pardon lui a procuré : « Aujourd'hui je me sens mieux, c'est incontestable », déclare-t-il à la fin de son témoignage.

La plupart de ceux qui ont pardonné disent avoir trouvé dans le pardon un véritable apaisement. C'est en se pardonnant les reproches qu'ils ont osé formuler qu'ils peuvent se réconcilier avec le souvenir de ceux qui les ont fait souffrir. Dans ce vaste mouvement de pacification, il leur arrive même de trouver de la compassion à l'égard du parent mis en cause. Le fait de pardonner et de se pardonner redonne une dimension d'humanité que la haine et la peur avaient parfois réduite.

La paix intime qu'attend le pardonneur n'est ni le silence des mots ni celui des cœurs. Bien au contraire, le cœur en paix bat toujours ; s'il bat plus calmement, plus régulièrement, il bat plus que jamais. Bien que celui qui cherche le pardon veuille trouver la paix, son itinéraire ne sera pas de tout repos pour autant. Car le pardon qui apaise la douleur de celui qui pardonne n'éteint pas sa souffrance. Il l'aide à la tenir à sa juste place. Il lui donne un sens par les mots qui s'y attachent, par la liberté de pensée qui s'y découvre. Rechercher le pardon, ce n'est pas passer par le silence, c'est vouloir reprendre la parole.

Une volonté de reprendre la parole

La traversée du silence et des non-dits

Même s'il recherche la paix, le pardon n'est pas silence, mais parole. Celui qui pardonne se souvient. Il cherche des mots à partager pour exprimer sa peine, pour lever ses doutes, pour comprendre son histoire. L'oubli suivra peut-être ; en attendant, le pardon sonde une mémoire vive. Il fouille un passé personnel douloureux qui cherche partenaire, désespérément.

Lorsqu'il s'adresse au parent concerné, celui qui pardonne ou qui tente de le faire ne vise pas nécessairement à obtenir ses aveux ou à entendre ses regrets. Il s'efforce, par les mots, de sortir d'une perturbation émotive. La parole espérée est plus un échange qu'une confession, la reconnaissance d'une souffrance partagée. C'est un lien intemporel, comme une corde lancée par-delà les années pour assurer ou rassurer l'enfant qui en lui souffre encore. C'est pourquoi l'aventure du pardon commence souvent par une mise au point.

Ceux qui témoignent évoquent leur désir d'éclaircir la situation, d'en avoir le cœur net ; ils expriment leur volonté de vider l'abcès. Ils provoquent alors une rencontre, posent des questions, cherchent des explications. Leur soif de comprendre peut les rapprocher du pardon, ou les en éloigner ; elle leur donne le courage d'affronter, en pensée ou dans la réalité, celui qui se tait ou qui s'est tu. Il n'est jamais facile pour un fils ou pour une fille de venir interroger ses parents, de leur demander des comptes ou des éclaircissements. Beaucoup disent que leur vie a changé lorsqu'ils ont enfin pu pardonner à leurs parents. Toutefois, beaucoup d'autres construisent leur pardon en solitaire, après la mort du parent concerné.

À l'aube de sa maturité, armée de tout son courage, Marie-Hélène prend rendez-vous avec sa mère et lui pose des questions. Celle-ci lui répond comme si elle s'attendait à ce moment de vérité. Toutes deux se parlent alors comme jamais elles n'avaient pu le faire. Avant cet épisode, une forme de guerre sourde s'était installée. Marie-Hélène et sa mère se voyaient peu, ne se parlaient pas. Derrière les apparences, Marie-Hélène sentait comme une hostilité à son égard, une forme de réserve qui s'apparentait à de la méfiance : « Peut-être ne doutais-je pas vraiment de son amour, mais je voulais en avoir le cœur net. » Marie-Hélène rompt donc le pacte de silence convenu et pose à sa mère les questions qui la rongent : « J'ai toujours eu le sentiment que tu ne m'aimais pas. Est-ce vrai ? Pourquoi ne nous as-tu jamais parlé de ton père ? » Les explications de sa mère éclairent quelques coins sombres de l'enfance de Marie-Hélène et confirment son impression : l'amour de sa mère à son égard était alourdi par un deuil impossible, celui d'un père disparu sans avoir jamais donné de ses nouvelles. Elle saisit alors l'enjeu de son acrimonie latente envers sa mère. « Elle m'a dit que j'avais été une enfant difficile, fermée, dure. Qu'elle ne savait pas comment me parler. » Cette rencontre provoque chez Marie-Hélène un sentiment de quiétude. Sa sérénité repose sur la mise en mots d'un conflit latent, sur le dévoilement de non-dits de l'enfance et sur la possibilité de ce dialogue. Elle trouve dans la démarche du pardon ce qui lui est nécessaire et lui ressemble : une exigence de clarté, un besoin d'échange. À n'en pas douter, le rendez-vous fut préparé par l'une et par l'autre. Marie-Hélène avait déjà entrepris le chemin du pardon, elle avait mûri son besoin d'éclaircissements. Elle ne venait pas chercher querelle mais trouver et donner de la paix. Il lui manquait la scène symbolique de la réconciliation. Ce fut, dit-elle, « un moment très doux et très beau » : la conversation de deux femmes mûres qui ont souffert, l'une par l'autre, et qui s'estiment assez pour se le dire.

S'il arrive que la tentative d'explication débouche sur une véritable rencontre, il peut se produire l'effet inverse. C'est le drame d'Isa. Épuisée par des années de non-dits et de rancunes sourdes, elle prit le risque d'aller trouver sa mère pour lui dire son désarroi de n'être pas aimée et sa certitude de ne pas aimer en retour. La réponse glacée de sa mère lui confirma ce qu'elle craignait : « Je ne t'aime pas » furent les seuls mots qu'elles purent échanger, la seule explication qui fit lien entre elles. Qu'espérait donc Isa ? Un élan de dénégation de sa mère ? Une bouffée tardive de tendresse qui les aurait fait tomber dans les bras l'une de l'autre ? Rien de tout cela ne se produisit. Sa mère resta distante, privée d'émotions, enfermée dans sa solitude et sa sécheresse affective. Apparemment, ni Isa ni sa mère n'étaient prêtes pour une réconciliation. Peut-être n'en avaient-elles pas besoin, étant d'accord sur un constat, le manque d'amour. L'amour fait défaut à la mère, désespérée de n'avoir pas pu aimer sa fille ; il fait défaut à la fille, frustrée de ce qu'elle n'a pas reçu. Toutes deux sont enfermées dans ce manque depuis longtemps. Ce qui sépare leurs points de vue, c'est que l'une crie son besoin de l'amour qui lui est refusé, alors que l'autre se consume de celui qu'elle ne peut éprouver ni donner.

L'amour manque toujours, à celui qui le donne comme à celui qui le reçoit; à celui qui le refuse comme à celui qui le demande. C'est le plus cruel et injuste des échanges : un leurre, la rencontre ratée de deux attentes, de deux histoires, de deux désirs. Toutefois, on peut donner beaucoup plus d'amour qu'on en a reçu, car ce qu'il nous manque d'amour, nous l'obtenons en aimant. Ainsi, la donne change entre les mal-aimés et les mal-aimants.

Meurtrie et déçue par sa tentative, Isa tente toutefois de comprendre. Elle construit son argumentaire sur trois niveaux, chacun d'eux éclairant le comportement de sa mère. En premier lieu, celle-là n'a pas l'« instinct maternel ». Vient ensuite un événement grave qu'elle a vécu dans son enfance. Enfin, l'inscription de ce traumatisme dans un contexte tragique. Elle explique : « Je suis une enfant non désirée. Ma mère a épousé mon père parce qu'elle était enceinte, après une déception amoureuse. C'est pourquoi elle n'a pas l'instinct maternel. Par ailleurs, elle a eu une enfance très lourde. Sa petite sœur est morte quand elle avait quatre ans alors qu'elle était seule dans la pièce près du berceau et on n'a jamais su si c'était elle qui l'avait poussée dans le feu ou pas. Elle dit ne se souvenir de rien. En outre, son père était alcoolique. Elle s'est retrouvée orpheline de mère à six ans et de père à sept ans! Je comprends que son histoire est lourde mais je ne lui pardonne pas son comportement d'aujourd'hui avec moi. »

Elle ne fut pas désirée. Même si l'explication est classique, elle est rarement apaisante pour l'enfant.

Isa fait preuve ici d'une capacité de tolérance assez rare. Son deuxième niveau d'explication renvoie à l'accident grave qui a pu traumatiser l'enfance de sa mère. La scène est assez horrible pour qu'on puisse comprendre, avec Isa, que sa mère, traumatisée par la mort de l'enfant, coupable inconsciemment pour le moins de ne pas avoir pu lui porter secours, soit incapable de se projeter ensuite dans les joies de la maternité. Le troisième niveau replace l'accident lui-même dans un contexte plus large et particulièrement tragique, l'enfant s'étant retrouvée orpheline avant sept ans ! Consciente de ces drames qui hantent la vie de sa mère, Isa ne lui pardonne cependant pas ce qui la concerne directement : l'amour qui a manqué. Les blessures d'enfance n'excusent pas tout, semble nous dire Isa. Les connaître peut aider à expliquer le passé, mais ne permet pas toujours de pardonner la suite.

La rencontre qui a transformé la vie de Marie-Hélène lui a permis de découvrir une autre femme en sa mère. Une découverte analogue aurait peut-être permis à Isa de trouver la paix. Les chemins de la compréhension ne mènent pas directement au pardon. Tout comprendre, ce n'est pas tout pardonner.

Mettre le pardon à distance

Que signifie comprendre ? La démarche intellectuelle, qui analyse les mobiles et les enregistre comme circonstances atténuantes, est loin de l'empathie, qui fait appel à l'émotion et à la peine. Entre ces deux attitudes s'étend le champ immense de l'intelligence d'un être pour un autre. Quel type d'entendement va-t-il s'établir entre un enfant et ses parents, entre une victime et son bourreau ?

Ceux qui ont pardonné à leurs parents manifestent souvent une attitude compréhensive teintée de compassion ou de résignation. Les excuses qui sont trouvées aux géniteurs sont manifestement les motifs ordinaires des erreurs humaines. Ils font apparaître que les plus grandes blessures sont infligées sans sadisme particulier, par inadvertance ou par lassitude ; d'autres le sont par surcharge de misère. Le destin s'obstine parfois à frapper durement les plus atteints.

Ceux qui n'ont pas encore pardonné sont parfois plus incisifs. Ils ont la parole dure et la critique acerbe. Certains étudient et dissèquent les comportements parentaux, cherchant l'erreur, pointant la faute. Ils nous fournissent de longues listes de reproches, nous dépeignent des scènes terribles et des tableaux cruels. On peut supposer qu'ils ne parviendront au pardon qu'après avoir pris le temps de leur légitime haine.

D'autres nous régalent de la cruauté légère de leur humour. Ils nous décrivent avec détachement des scènes cruelles, masquant leur douleur sous le déguisement de l'ironie. Quand le souvenir les fait grimacer, plutôt que de passer l'épisode sous silence, ils pointent avec acidité ce qui les tourmente. La mise à distance de la douleur que permet l'humour a été analysée par Freud, qui montre le travail psychique qui s'y réalise. « L'essence de l'humour réside en ce fait qu'on s'épargne les affects auxquels la situation devrait donner lieu et qu'on se met au-dessus de telles manifestations affectives grâce à une plaisanterie [1]. » Économie de souffrance donc, « moyen de défense

1. Sigmund Freud, *Le Mot d'esprit et ses rapports avec l'inconscient* (1907), trad. Marie Bonaparte, Gallimard, coll. « Idées », 1974, p. 401.

contre la douleur », mais plus encore. L'humour et l'esprit permettent d'exprimer suffisamment d'agressivité pour répondre aux attaques de la vie. L'humour permet de s'en prendre à soi-même, l'esprit vise l'autre. Tous deux transforment une pulsion agressive sans la refouler, lui permettant ainsi de décharger ce qu'il faut de rage intime pour survivre. Ainsi, celui qui peut affronter son passé et son présent avec humour arrive mieux à se supporter, à vivre avec lui-même. Comme Freud, il semble dire : « Regarde ! Voici le monde qui te semble dangereux ! un jeu d'enfant ! Le mieux est donc de plaisanter [1]. »

C'est que « l'humour ne se résigne pas, il défie ». Il permet un triomphe personnel là où la réalité extérieure est défavorable. Selon Freud, il provient d'une volonté du surmoi de protéger le moi. C'est l'instance psychique parentale du surmoi, sous son aspect non pas de censeur mais de protecteur, qui agit. Il défend celui qui souffre contre la cruauté du monde en lui donnant accès à la liberté et à la distance que procurent les jeux de la parole. L'humour est un don rare, souligne Freud. Pourtant, on le rencontre très souvent chez ceux qui ont été abîmés par leurs parents. L'explication peut tenir de ce que Freud avance lui-même : « Quand le surmoi s'efforce, par l'humour, à consoler le moi et à le préserver de la souffrance, il ne dément point par là son origine, sa dérivation de l'instance parentale. »

Ainsi, l'humour des mal-aimés serait une protection psychique spécifiquement issue de l'instance parentale connue sous le terme de surmoi. Jolie interprétation ! N'est-ce pas un bien beau retour, inat-

1. *Ibid.*

tendu, par la voie psychique de la protection parentale qui a fait défaut pendant l'enfance !

Prendre le risque de parler

La nécessité intime qui pousse les uns vers la vérité, sous quelque forme que celle-ci risque de leur parvenir, les incite à rompre le silence. Devinant peut-être la fragilité de l'équilibre familial, d'autres ne s'y risquent pas. En effet, celui qui déclenche l'alarme en osant poser ses questions doit être prêt à tout. Prêt à entendre les mots qu'il craint d'entendre et surtout prêt à entendre un silence éclatant. C'est d'autant plus terrible que, bien souvent, malgré les rides et les soucis qui ont marqué son front, celui qui s'adresse à l'auteur de ses jours reste un petit qui a souffert et qui n'a pas grandi. Un seul mot parental peut le renvoyer à son immaturité passée et le réduire au silence. Celui que le chemin de sa vie a mûri et qui, gonflé d'une compassion toute neuve à l'égard de son parent cruel, vient lui tendre une main charitable peut toujours recevoir une gifle. Éléonore raconte comment elle reçut un tel camouflet, un jour, au chevet de sa grand-mère, qui traînait ses derniers mois dans une maison de retraite : « Elle allait sur ses cent ans, j'en avais cinquante. Elle somnolait habituellement dans un demi-coma d'où elle ne sortait que très rarement. Comme d'habitude, je lui faisais la conversation, lui contant le récit de ma vie, qui ne semblait pas l'intéresser. » Ce jour-là était le jour anniversaire de la naissance et de la mort du père d'Éléonore, le fils de cette grand-mère. Le cœur lourd de son vieux chagrin d'enfant et émue par la peine supposée de sa grand-mère, Éléonore soupira : « Papa est mort il y a vingt ans aujourd'hui. Je pense toujours à lui, tu sais. Il me manque... » Fière de l'humour que la distance et les années lui avaient donné, Eléonore ajouta : « J'en ai pourtant l'habitude. À part ses gifles qui ne me loupaient pas, il m'a toujours manqué, n'est-ce pas ? Ça ne fait rien, je pense toujours à lui, et toi ? » Sous son sourire, sa voix tremblait peut-être un peu trop, toujours est-il que cette confidence tira sa grand-mère de sa léthargie. « Tu es fatiguée, lui dit-elle, tais-toi et rentre chez toi. »

Renvoyée à son apitoiement, Éléonore est rentrée chez elle. Certes, elle a pardonné à son père de ne pas l'avoir aimée comme elle l'aurait voulu, mais il lui aurait été doux de partager l'émotion du souvenir avec sa grand-mère. En ce jour anniversaire pour elles, où Éléonore commémorait, par une pensée et un petit jeu de mots ironique, ses chagrins et son pardon, un zeste de connivence ou un simple silence lui aurait donné le sentiment d'une réconciliation familiale. Il n'en a pas été question. Éléonore est une adulte qui a pardonné et qui se donne le droit de penser et de parler ; face à sa grand-mère elle est encore une petite fille qui doit se taire. La grand-mère d'Éléonore, comme beaucoup de femmes austères et imposantes, la renvoie à son passé d'enfant. L'une est traitée de menteuse, l'autre est taxée de sensiblerie, un troisième sera sommé de se taire, tout simplement, et il se taira. L'autorité de certains parents est telle qu'il est difficile de prendre la parole en leur présence.

Ces parents farouches campent sur des positions inaccessibles d'où leurs enfants ne peuvent les déloger. Ces derniers s'en plaignent, en souffrent. Or, beaucoup d'autres enfants, pris pour confidents ou pour partenaires par leurs parents, affirment que, s'il est difficile de vivre à côté d'un parent inabordable, il est également éprouvant d'être invité à un retournement des rôles. Anne en témoigne. Un jour, sa mère, qui se croyait responsable des problèmes sexuels de sa fille, lui a demandé pardon : « Je n'ai pas supporté ce pardon. Je me suis sauvée », dit-elle. Implorer le pardon de son enfant, n'est-ce pas inverser le rapport générationnel ? N'est-ce pas se soumettre à sa parole et ainsi l'en priver ?

En fait, la demande de pardon de la mère d'Anne fait irruption dans le monde intime de sa fille et nous indique que la vision d'un parent qui pleure et qui s'accuse est insupportable à ses enfants. Le parent qui implore le pardon, qui se flagelle ou s'inflige des mortifications expose une impudeur, un dévoilement de sa nudité qui agresse l'enfant, même devenu adulte.

Certes, nous sommes en plein paradoxe puisque le pardon relève, fondamentalement, d'une demande. Il est accordé par l'offensé à l'offenseur et se construit sur la représentation de cette scène imaginaire où les fautes sont reconnues et la clémence demandée. Le pardon aux parents est différent. La place de l'enfant, quel que soit son âge, est une place générationnelle d'où il ne peut être destitué sans dommages. Ainsi, beaucoup de pardons surgissent au coin de la maturité, les excuses aux parents venant plus facilement avec l'âge. Or, même si le temps érode la mémoire et adoucit certaines de ses aspérités, les blessures d'enfance ne sont pas toujours celles que le temps améliore. Bien au contraire, elles conservent même une vigueur que réveille ou amplifie la vieillesse. Il arrive toutefois que l'expérience les édulcore. Elle imprime sur le plaignant la marque de ses propres fautes. Son réquisitoire perd alors de sa véhémence.

Et, souvent, la difficulté que l'on éprouve à élever ses propres enfants incite à moins d'acrimonie à l'égard des parents. C'est ce que nous disent les filles qui pardonnent à leur mère en devenant mères à leur tour. Elles comprennent et, ainsi, elles pardonnent. Cependant, la limpidité apparente de cette démarche en cache les obstacles : beaucoup dénient, occultent et refusent la remise en cause d'eux-mêmes qui s'y joue. Ne pourrait-on jamais pardonner que ce qu'on peut partager ?

Pardonner sans comprendre

Le pardon filial peut se faire sans instruction, sans dossier, sans reproche. On pardonne ou on essaie, sans entreprendre la longue exploration de son enfance et sans soulever le voile de sa mémoire. On ne cherche pas à élucider la situation et on se refuse à l'analyser tant qu'on peut y échapper. Toutefois, un pardon lucide ne peut évacuer la part de haine que beaucoup revendiquent comme nécessaire. Or, porter la haine dans la famille, c'est comme y faire entrer le loup ou le scandale : on n'est pas toujours disposé à en endosser la responsabilité. En attendant d'oser la rupture du consensus, on peut s'accorder le bénéfice d'un délai, et reconnaître sa propre peur à entrer dans le vif du sujet.

Hériter et transmettre dans la dignité : pardonner pour devenir parent à son tour

La question du pardon filial vient interroger de façon frontale les exigences de la transmission. Pardonner semble nécessaire à certains pour ne pas garder leur haine de fils ni la transmettre à leurs enfants, pour ne pas perpétuer le non-dit, le ressentiment ou le désir de vengeance. À d'autres, au contraire, ne pas pardonner semblera être le seul moyen de garder leurs distances et ainsi de protéger l'avenir. Dans ces deux cas de figure, ceux qui accordent leur pardon et ceux qui le refusent à leurs parents le font pour leurs enfants, pour les protéger de la haine ou de l'indignité.

À la fois donataire et donateur, comme tout être humain, chacun constitue un chaînon transgénérationnel de la filiation et de la parentalité. Or, sur certains repose l'angoisse d'une décision. Le mal qu'ils ont reçu de leurs parents, ils ne veulent pas le léguer à leurs enfants. Comment les en protéger ? Par le silence ou par la parole ? Quelle parole peut les libérer de leur secret ? Pour épargner aux enfants le poids des erreurs passées, la pudeur ne voudrait-elle pas qu'on taise les blessures ?

La question des reproches et du pardon vient s'interposer entre la génération qui précède et celle qui suit. À certains incombent non seulement la charge de révéler ou de taire, mais aussi celle d'acquitter ou de poursuivre. Pour eux, la question de la transmission s'éclaire d'une nouvelle interrogation : comment ne pas transmettre une parole de haine ? Comment poser entre les générations un acte pacificateur qui libère l'avenir du poids du ressentiment, exprimé ou caché ? En restituant la parole, le pardon vient rétablir un plein droit, celui de dire ou de taire. Comment ce droit vient-il s'inscrire dans l'implacable marche généalogique de la transmission familiale ? Dernier volet de notre approche des raisons de pardonner, la question de la transmission situe l'aventure personnelle et familiale du pardon filial dans la grande épopée du patrimoine de l'humanité.

Transmettre en famille

Génération après génération, la transmission familiale est une force qui nous contraint et nous dépasse. Combien d'adultes ont-ils la surprise de découvrir qu'ils partagent les valeurs de leurs parents, qu'elles les habitent et qu'ils les transmettent alors qu'ils ont tout fait pour s'y soustraire... Le patrimoine familial ne concerne pas uniquement les bons du Trésor, les petits clos ou les bijoux ; le secret du clafoutis, les recettes gourmandes, les maladies somatiques et les fragilités psychiques se transmettent également. Ce qui se lègue d'une génération à l'autre est au croisement des histoires individuelles et de leurs assises culturelles. Revendiqué comme étant le legs psychique nécessaire à la dynamique générationnelle, l'héritage consiste à transmettre le passé familial pour maintenir et renforcer les liens et le sens de la vie, pour permettre aux plus jeunes de devenir des êtres de culture, créatifs et féconds, pour lutter contre les dérives individuelles et les ruptures extrêmes, pour faire du lien social un lien vivant [1].

Cependant, la transmission familiale est également un vecteur puissant de reproduction sociale, de répétition individuelle ; son oracle transforme parfois les drames personnels en destinées tragiques. L'héritage psychique peut même inscrire les deuils et les traumatismes non surmontés d'une génération dans

1. Anne Muxel, *Individu et Mémoire familiale*, Nathan, coll. « Essais et recherches », 1996, p. 199.

l'inconscient de l'autre. Celui qui hérite ainsi des douleurs de ses ascendants les porte comme des énigmes. C'est ainsi qu'on a pu parler de revenants psychiques [1] qui, comme des fantômes, hantent le présent sans se faire reconnaître et provoquent des névroses, des maladies psychosomatiques, des troubles graves du comportement. Nous avons vu plus haut que la répétition du pire n'était pas inéluctable et que d'autres voies que la douleur et le malheur s'offraient à celui qui souffre. Encore faut-il qu'il ait accès à sa souffrance et qu'il puisse regarder derrière lui. Pour hériter de son histoire sans être condamné à la répéter, il faut la connaître et la prendre en main. Hériter et transmettre sont des verbes actifs. Celui qui se soumet dans la résignation, qui n'ose ouvrir le livre de son histoire familiale, qui tremble devant les secrets qu'il va découvrir, emprunte une voie sans issue dans laquelle il se retrouve un jour ou l'autre coincé [2].

Estelle, que nous avons vue se débattre avec le mystère de sa naissance et les secrets de sa mère, passera une partie de sa vie universitaire à travailler sur ces questions. Par ses travaux, elle cherchera à repérer les forces transgénérationnelles qui nous habitent à notre insu. Ce que son histoire personnelle lui a permis de découvrir pour elle-même, elle s'efforcera de l'approfondir pour d'autres. Elle se formera à la technique thérapeutique du génogramme et du

---

1. Claude Nachin, *Les Fantômes de l'âme*, L'Harmattan, 1993, p. 110.
2. Jean-Pierre Chrétien-Goni, « Observation sur la pratique généralisée du secret », *in Les Secrets de famille, La Lettre du Grape*, 1995.

génosociogramme [1], pour tenter de débusquer les éléments cachés, secrets ou tus qui fondent ou déstabilisent les histoires familiales. Il s'agit d'une approche clinique de l'histoire familiale telle que chacun peut la reconstituer, qui s'attache à observer les similitudes entre des dates de naissance et de mort, des métiers et des occupations, des prénoms, des caractères, des choix de vie et des maladies. Ainsi se dessine parfois de façon criante la voie de transmission des hontes et des secrets familiaux. À celui qui en hérite d'en supporter la charge d'émotions et de non-dits. Ces hontes et ces secrets sont d'autant plus difficiles à reconnaître, à assumer et à dépasser qu'ils n'ont jamais été clairement énoncés, même si leur inscription est lisible dans la souffrance quotidienne. Débusquer les répétitions, les analogies, les traces énigmatiques des symptômes ordinaires permet parfois que se relâche l'emprise du passé sur ceux qui y sont soumis.

Généalogie et alliance

Le double noyau douloureux sur lequel Estelle bute pose l'énigme de la transmission, de la nécessité pour chacun de s'inscrire dans une généalogie et dans des contrats d'alliance. Le premier nœud qu'elle a dû dénouer concerne l'amour de sa mère pour son propre père. Dans son désir de reformer sa famille initiale, sa mère a privé son enfant d'un père, refermant sur elle une famille infantile fortement œdipienne. La

---

1. Anne Ancelin Schützenberger, « Psychodrame, roman familial, génosociogramme et formation », *in Aïe, mes aïeux !*, Desclée de Brouwer, coll. « La Méridienne », 1998.

mère d'Estelle est alors le chaînon souffrant qui déforme la transmission : elle accroche le maillon généalogique au gré de son désir, de son fantasme, sans tenir compte des nécessités de l'alliance. Or, on ne fait pas un enfant à ses parents, telle est la douloureuse découverte infantile de l'aventure œdipienne. Un tiers est nécessaire. C'est ce tiers qui a fait défaut à Estelle : voilà le secret que sa mère ne peut lui avouer. Que son silence ait eu comme finalité de la protéger ou de l'enfermer ne change rien à sa souffrance d'enfant. Le comprendre, en revanche, lui permettra de construire son pardon d'adulte.

L'autre difficulté concerne Estelle elle-même, aujourd'hui, face à ses enfants et petits-enfants et face à l'hypothèse que son père ait été nazi. Elle recule, ne se sent pas encore capable d'affronter cette question. C'est elle qui est maintenant le chaînon généalogique souffrant. L'Histoire la rattrape et lui vole le bonheur de s'être enfin découvert un père. C'est comme si elle devait affronter la perte d'un père qu'elle vient juste de retrouver. Au défaut de père s'ajoute la difficulté d'assumer le grand-père et l'arrière-grand-père qu'elle donne à sa descendance. Son histoire, qui est celle de tous les enfants dont l'Histoire a désigné l'horreur des pères, nous mène à une nouvelle limite de la question du pardon filial. Son pardon n'est plus une simple affaire personnelle ou familiale, il devient une des questions de l'humanité. Il rejoint la question du pardon des nations aux nations, celle des générations survivantes aux bourreaux et aux exterminateurs. Comment en effet être un homme, comment assumer son propre poids d'humanité sans s'interroger sur sa capacité à pardonner aux autres hommes les horreurs qu'ils ont commises ?

La pudeur des enfants face à l'histoire des parents

À la lumière de ces réflexions et dans le trouble où elles nous mettent, intéressons-nous à nouveau au témoignage d'Alain. On lui avait laissé entendre que son père s'était mal conduit pendant la guerre. Une première lecture de son témoignage nous fait penser, avec lui, que son histoire ne concerne que les rapports qu'il entretient avec son père. Il lui pardonne sa médiocrité, dit-il. On peut néanmoins se demander si c'est bien le comportement douteux de son père qui est en cause, et si la réticence d'Alain à s'approcher de lui ne serait pas l'indice d'autre chose. Sa question serait alors celle de tous les fils qui héritent de l'histoire de leurs pères. La dimension subjective intrapersonnelle de l'aventure d'un petit garçon et de son papa prend alors des proportions historiques. Le pardon de ses fautes accordé par le fils à son père peut-il se donner sans le bénéfice d'un inventaire ? Certes, si Alain ne fait pas la démarche, c'est qu'il est retenu par la pudeur , et qu'il s'arrange avec lui-même en octroyant à son père sa clémence par tendresse et par reconnaissance. C'est peut-être aussi parce qu'ils sont pris dans les mâchoires d'un silence collectif. Sinon, pourquoi Alain n'interrogerait-il pas son père afin d'éclairer son jugement ?

Nous rencontrons ici une des figures du pardon qui échappe à l'aventure individuelle : la transmission sociale et collective des fautes de guerre et des errements de l'après-guerre. Si aucune parole culturelle ne soutient sa quête de vérité, l'individu reste seul avec ses doutes. Alors que les vainqueurs chantent la gloire des héros et retouchent le scénario à leur gré, comment le fils d'un traître, par exemple, trouverait-il la force d'interroger l'Histoire. Il se trouve contraint à l'amnésie ou à l'hypocrisie. Il intériorise un fait culturel collectif comme un élément personnel singulier. Pardonner à ses parents n'est pas toujours une simple affaire de famille, c'est ce que nous indiquait la dernière question d'Alain : « Pourquoi ne pardonnerait-on à ses parents que les torts qu'ils ont à notre égard ? » La réponse que ne lui a pas donné l'Histoire est peut-être qu'on doit parfois, en effet, également leur pardonner leur place dans la mémoire collective et leurs torts à l'égard de l'humanité.

Ainsi la question initiale « Pourquoi pardonner à ses parents ? » prend-elle une orientation singulière. Le pardon filial rejoint dans son ampleur le pardon que tout homme accorde à un autre homme. Dans son processus même se forge la capacité humaine de transmettre de l'humanité malgré la violence de ses errements et de poursuivre, génération après génération, le long travail d'humanisation de l'homme.

C'est pourquoi il importe d'écouter ceux qui ne pardonnent pas ou qui accordent un pardon partiel, en leur reconnaissant la plénitude, la légitimité et la dignité de leur choix. Du pardon sous conditions que détermine le comportement du parent au pardon sans conditions qui bride les reproches des enfants, les figures du pardon filial sont aussi diverses que le sont les liens qui unissent et déchirent les familles. Est considéré comme pardon ce que chacun estime tel.

Le pardon sous conditions

La forme singulière du pardon sous conditions apparaît souvent. À la formule courante qui lie le pardon à l'aveu, « Pourquoi leur pardonnerais-je alors qu'ils ne se reprochent rien ? Je leur pardonnerais volontiers, s'ils reconnaissaient leurs torts » s'ajoutent d'autres mises sous conditions éventuelles : « Quand ils auront changé, quand ils accepteront de recevoir mon ami... » Derrière le message apparent qui conditionne le pardon au comportement parental se cache souvent une autre réalité : l'heure n'est pas venue de pardonner pour celui qui souffre encore. En effet, dans de très nombreux cas, le temps du pardon dépend moins de celui qui est à pardonner que de celui qui a à pardonner. La formulation des clauses qui rendraient son pardon possible souligne combien ses blessures sont vives et son espoir intact de voir ses parents changer.

D'autres exigences sont énoncées qui n'empêchent pas le pardon mais le soumettent au respect de certaines modalités : « Mon pardon est possible, si je ne les revois plus » ou « Tant qu'ils se tiendront éloignés de mes enfants... » C'est le pardon accordé sous la forme d'un sursis susceptible de tomber, comme dans la procédure judiciaire, sous l'effet de la récidive. Doit-on alors refuser le beau nom de pardon à ces démarches qui témoignent plus d'un désir de pardon, d'un pardon ébauché, en cours, que d'un pardon totalement et définitivement accordé ? Derrière ces nécessités de mise à distance se profile la force de la souffrance encore présente. La chair est à vif. Le temps et l'oubli n'ont pas pu faire leur office. Le pardon est pensé, même s'il n'est pas encore possible de l'accorder pleinement.

La barre peut être plus haute encore et les exigences du pardon plus draconiennes. « Je n'ai pu lui pardonner qu'à sa mort, et justement, parce qu'elle était morte. Parce que je ne la craignais plus. Elle ne pouvait plus me nuire. » Souvent, en effet, la seule circonstance qui rende le pardon possible, c'est la mort. Se pose ainsi la question cruciale du pardon aux parents décédés. Peut-on pardonner aux morts ? Ne peut-on pardonner qu'aux morts ? Le pardon aux parents morts reste l'une des figures les plus brûlantes du pardon nécessaire à celui qui survit. Il appartient au lent et long travail de deuil du survivant qui acquitte enfin le mort de sa faute pour s'en libérer lui-même. Inscrit dans une quête spirituelle, il touche à la grâce ; traversé dans la solitude existentielle, il s'enrichit d'humanité. Il peut aussi naître dans l'intimité d'un besoin assoiffé de retrouvailles secrètes. Le pardon au mort est parfois rendu possible à celui que la mort a vengé : se réjouissant du sort du criminel enfin châtié, la victime s'autorise enfin un pardon sans danger.

Beaucoup de pardons sous conditions sont des pardons de la nécessité. Ils permettent de se libérer un peu du ressentiment, d'accepter de perdre l'amer bénéfice d'une vindicte entretenue. Celui qui pardonne quitte la position subjective du reproche, de celui qui a raison, qui mérite l'attention, l'apitoiement, la pitié. Pardonner lui fait quitter la scène du crime, sans avoir obtenu justice, sans être vengé, sans même être reconnu comme victime. Il renonce à la plainte, voire à la justice. Il s'autorise à arrêter les poursuites. Mais alors, si pardonner correspond à abandonner la requête, est-ce donner raison aux coupables, est-ce se soumettre, consentir à l'inévitable ?

Nous avons vu que le pardon s'appuie souvent sur un besoin de vérité, sur une urgence à comprendre ou du moins à expliquer, à formuler, qui fait que, même si la faute parentale reste impunie, elle n'est pas laissée dans l'ombre. Il est beaucoup plus difficile de pardonner ce qui n'est pas énoncé, ce qui reste non dit.

Les conditions du pardon sont souvent celles d'une mise en lumière, si ce n'est de tous les faits eux-mêmes, du moins des émotions ressenties, y compris dans leur pleine ambivalence.

Tout imparfait et fragile qu'il soit, le pardon sous conditions semble la figure du pardon filial la plus fréquente. Que serait donc un pardon accordé sans conditions ?

Le pardon sans conditions

La force de celui qui peut s'extraire de son passé et remettre les fautes parentales repose, au minimum, sur un effort de lucidité. Il est difficile de penser un pardon accordé sans même l'énoncé du reproche. Pourtant, certains pardons sont accordés ainsi, parfois par peur de remuer le passé et d'y découvrir des vérités enfouies avec les reproches. Nous serions tentés d'y voir la marque d'une soumission passive à l'emprise parentale, considérant que celui qui ne peut regarder ses parents en face ne peut réellement leur pardonner, qu'un pardon accordé sans l'examen minimal des reproches ne peut apporter à celui qui pardonne ni la liberté intime ni la paix recherchée. Or, nous avons fait le choix d'intégrer tout pardon considéré comme tel, sans discrimination. Le pardon filial sans conditions mérite donc qu'on s'y attarde. D'autant que le pardon total peut être l'aboutissement d'un long chemin de réconciliation intime. Après avoir usé sa colère et dépassé les hostilités et les rancunes, celui qui pardonne peut accorder pleinement et sans aucune restriction le pardon dont son cœur est habité. La beauté de son pardon tient à l'ampleur du travail personnel qu'il a pu élaborer : il sait ce qu'il pardonne et englobe dans son pardon son parent tout entier.

Total et lucide, le pardon qui s'accorde avec clairvoyance peut sembler plus prometteur qu'un pardon total mais aveugle. Le premier engage le pardonneur sur le chemin de sa liberté personnelle alors que l'autre l'enferme dans une loyauté qui le nie. Son pardon lui appartient toutefois, et même s'il semble contraint à celui que travaille l'urgence de vérité, nul ne peut en juger.

L'exemple de Viviane nous montre comment un pardon immédiat, sans aucune condition, peut surgir à l'improviste : « J'ai pardonné à ma mère en lui fermant les yeux, dit-elle. Il m'était soudain devenu impossible de maintenir mes accusations à son égard. Elle était morte et moi j'étais vivante. Tout s'est joué pour moi en une seconde ; j'avais perdu ma colère et mon cœur s'est rempli de tendresse pour elle. » Son pardon est total, fulgurant, comme un coup de foudre : c'est l'adieu d'une fille à sa mère, celui d'une vivante à une morte. Le décès de sa mère la libère d'un poids de ressentiment qui alourdissait sa vie. Viviane pardonne et laisse partir avec le cercueil de sa mère toutes ses misères d'enfant. « J'étais lavée, purifiée. Non seulement je ne lui en voulais plus, mais je pouvais à nouveau éprouver pour elle une émotion que j'avais depuis longtemps oubliée : la tendresse. »

Ainsi, qu'il s'accorde avec ou sans conditions, dans une recherche de vérité ou dans un retrait pudique, le pardon filial détient une promesse de paix pour celui qui s'y engage.

Le titre même de cet ouvrage, délibérément optimiste, tourné vers sa réalisation, suppose une conception positive du pardon filial. Or, dire qu'il n'est jamais trop tard pour pardonner à ses parents n'implique aucune injonction à l'absolution des fautes parentales. Je me refuse à présenter le pardon comme un devoir filial. Il n'est que le fruit d'une nécessité personnelle ou d'un choix intime. Dire qu'il n'est jamais trop tard, c'est laisser venir le temps du pardon, même s'il traîne et s'attarde. Reconnaître à la colère sa légitimité, au refus son sens, c'est donner au pardon sa grandeur.

À chacun son pardon. À chacun ses raisons de pardonner ou de s'y refuser, à chacun la démarche de pardon qu'il considère comme sienne. Nous avons fait le choix d'observer toutes les formes du pardon, du refus absolu à l'acceptation totale, privilégiant la question de la temporalité. En effet, si les figures du pardon aux parents sont aussi diverses que le sont les familles et les personnes, elles évoluent avec les capacités de tolérance et les possibilités d'oubli de chacun.

Aussi, les témoignages nous ont fait découvrir d'autres aspects de la question du pardon. On ne pardonne pas uniquement pour soi. Le pardon filial n'est pas qu'une affaire personnelle ou de famille, la chaîne humaine est concernée ; la place de chacun dans la généalogie, dans la transmission, dans l'héritage se trouve touchée par la question du pardon filial.

Processus psychique individuel et phénomène social général, le pardon filial reposerait-il sur des mécanismes culturels autant qu'affectifs ? C'est pour répondre à cette question que nous allons voir comment fonctionne le pardon qu'on accorde ou qu'on refuse à ses parents

III

Comment pardonner à ses parents ?

6

LE TEMPS DU PARDON,
du réquisitoire à l'inventaire

Dernière partie de notre voyage : le temps et l'espace du pardon. Les deux derniers chapitres de cet ouvrage vont s'attacher à mettre en lumière les mécanismes intimes du pardon filial. L'un va tenter d'explorer son temps et ses rythmes, l'autre l'espace psychique qui le rend possible. Processus psychique individuel et phénomène social général, le pardon filial, comme tout pardon, s'inscrit dans un contexte philosophique et anthropologique large. Ce n'est pas un concept psychologique, même si nous en repérons facilement les effets cliniques. Il apaise, comme l'oubli, éteint le désir de vengeance, interrompt le cycle des représailles. Promettant la paix du cœur et celle des familles, il pacifie la communauté et libère du passé ; il s'inscrit dans la trame généalogique de la transmission des valeurs humaines. Le processus du pardon s'inscrit dans l'histoire de toute une vie, pertes et deuils, événements joyeux et crises graves, petits griefs et lourds ressentiments. Les témoignages que nous avons recueillis sont souvent gros d'une souffrance à peine dépassée. Ils sont fragiles, ploient sous le désir de comprendre et d'excuser les fautes parentales, dévoilent une volonté d'oublier, d'alléger la mémoire. Ils tiennent de l'indulgence craintive et du désir de fuir, d'arrêter les représailles par essoufflement.

C'est pourquoi, sans épuiser le sujet, l'approche clinique permet de dégager quelques indications métapsychologiques qui peuvent mettre en lumière les mécanismes psychiques à l'œuvre dans le processus du pardon. Ainsi, nous posons l'hypothèse que le pardon se déploie dans le temps du deuil et de l'acceptation ; son urgence est celle de la dette filiale et de ses paradoxes ; son champ est celui de la transmission et de l'héritage familial. À partir de ces repères, nous affirmons que son espace est celui du don qui se déploie dans les capacités créatives de chacun. Le travail d'éloignement de la vengeance qu'il implique, par le recyclage de la haine et du ressentiment, le fait côtoyer de près les processus réparateurs et la consolation intime qu'ils procurent. C'est ainsi que nous posons la clinique du pardon dans les champs théoriques ouverts par la psychanalyse et l'anthropologie : Sigmund Freud pour le travail de deuil, Melanie Klein pour les pulsions réparatrices, Marcel Mauss pour le don, et Donald Winnicott pour l'espace transitionnel.

Claire, 33 ans

« J'ai mis si longtemps à me fâcher avec mon père que je ne suis pas prête à lui pardonner. J'ai coupé les ponts fin 1996, au bout de sept ans d'analyse. Depuis, je continue mon analyse et je n'ai pas envie de renouer avec mon père.

Je lui reproche son antisémitisme. Lorsque j'étais petite, il insistait toujours pour connaître le nom de famille de mes camarades afin de vérifier s'ils avaient une consonance juive. Résultat ? À vingt et un ans, je me suis mariée avec un juif de treize ans plus âgé que moi, qui m'a donné deux fils. Un mois avant la naissance de mon premier fils, mon père m'a téléphoné. " J'espère que ça ne sera pas un garçon ", a-t-il lâché, hargneux. Comme je faisais celle qui ne comprenait pas, il a ajouté : " Comme ça il n'y aura pas de problème de circoncision ! " Ce jour-là, je me suis fâchée très fort et je lui ai raccroché au nez. Quelques jours plus tard, ma mère – pourtant divorcée de mon père depuis des années – m'a demandé de lui téléphoner pour lui souhaiter la bonne année. Je l'ai fait et je l'ai immédiatement regretté. Quand mon fils est né, mon père est venu me voir à la clinique avec une cravate noire : " Ton fils est né le jour de l'assassinat (sic) *de Louis XVI ", m'a-t-il expliqué. Quand mon deuxième fils est né, il a évoqué la mort subite du nourrisson : " Tu sais, cela arrive beaucoup plus souvent qu'on ne le pense. "*

Je lui reproche aussi l'inversion des rôles dans laquelle il a toujours fonctionné avec moi. Quand ma mère l'a quitté – en apparence pour un autre homme, en réalité parce qu'il était invivable –, j'avais treize ans. Mon père s'est alors effondré en larmes dans mes bras en me disant que ma mère l'abandonnait, qu'il était malheureux. Moi qui, jusque-là, vivais dans la terreur de ce père ultra-autoritaire et sûr de lui, j'ai vu tous mes repères s'effondrer. Par la suite, il n'a pas cessé de chercher à faire de moi sa confidente. C'était horrible. Il m'a toujours mêlée à ses problèmes – chroniques – d'argent. Il m'emmenait chez son banquier pour l'apitoyer; il " empruntait " de l'argent au père de mon petit copain de l'époque ; il " oubliait " de payer la boîte à bac dans laquelle j'avais atterri et le directeur me disait : " Si je n'ai pas le chèque lundi, je vous renvoie. "

Quand je me suis mariée, mon père n'a pas pu me donner d'argent pour la fête. À vingt et un ans, j'ai donc contracté un emprunt étudiant pour payer mon mariage. Je précise qu'il n'est pas ouvrier mais avocat. Il est issu d'une famille de grands bourgeois qui se croient supérieurs à tout le monde, mais qui sont tous aussi ratés les uns que les autres : l'un est allé en prison pour escroquerie, l'autre a fait faillite. Ils ont presque tous divorcé et sont tous sous psychotropes... À l'époque de mon mariage, j'étais encore tellement soumise que j'ai invité les frères et les sœurs de mon père à la réception. Je m'en veux encore !

Je lui reproche aussi d'avoir tout raté. Depuis son divorce, mon père n'a cessé de me faire honte. Il doit en être à son dixième ratage professionnel. Ses associés successifs finissent tous par se rendre compte de l'arnaque : mon père n'en fiche pas une, mais il réclame un partage des bénéfices. C'est comme cela qu'il tient depuis des années. Il est devenu alcoolique, se gave de tranquillisants et passe sa vie à maigrir et à grossir de 30 kilos. Le pire, c'est qu'aux yeux de certains de ses pairs il passe encore pour un charmant confrère.

Je lui reproche surtout son manque de pudeur et ses tendances incestueuses. Quand j'étais très jeune, il se baladait nu en permanence, même devant mes copines. J'avais tellement honte que j'ai fini par ne plus inviter personne. Il laissait la porte des toilettes ouverte quand il y était et tout le monde profitait du spectacle ! Il prenait son bain avec moi et urinait dedans. Si, à l'adoles-

cence, je n'avais pas moi-même posé des limites, il aurait sans doute continué jusqu'à mes vingt ans ! Dans la maison de campagne qu'ils avaient, mes parents invitaient sans cesse des amis. C'était dans les années 70, tout le monde faisait l'amour les fenêtres ouvertes ; du jardin, on entendait des gémissements et parfois des hurlements. Mon père sortait de sa chambre, en érection. Avec ses copains, ils faisaient des concours de pets et de rots, c'était immonde ! Le sexe était le sujet de conversation favori. Un jour, à la fin d'un repas bien arrosé, alors que j'avais huit ou neuf ans et que j'étais sur ses genoux, mon père a clamé : " Ma fille me fait bander ! ", ce qui a déclenché l'hilarité générale. En analyse, j'ai eu un mal fou à dire cela. J'ai pu le dire à mon mari le jour de mes trente ans.

Aujourd'hui, je vais très bien. J'ai un métier, un mari et trois fils formidables. J'ai divorcé du père de mes aînés, mais nous sommes restés en très bons termes. Je n'oublie pas le rôle qu'il a joué pour moi. D'ailleurs, j'ai gardé son nom pour exercer mon métier de journaliste. »

Retrouver la paix

Ils sont cinq, réunis dans la maison familiale quelques jours avant Noël. Ils ne se sont pas revus depuis le dernier rendez-vous chez le notaire, un an auparavant, après l'enterrement de leur père. Comme toujours, Laure a tout conçu et mis en œuvre : rouvrir la maison, préparer les chambres, organiser les repas. Martine s'est chargée de contacter les autres, en insistant auprès de Philippe, toujours difficile à décider, et de voiturer Babette, qui n'aime pas conduire. Charlotte, qui habite à côté, vient à pied.

La discussion s'oriente, à deux heures du matin, vers le pardon. Leur père, un homme dur et intransigeant, a passé les dernières années de sa vie avec une femme qu'aucun de ses enfants n'apprécie. Une assez vive querelle a éclaté à son sujet à la sortie de l'étude et Laure veut « qu'on en parle ». Elle est la première à s'exprimer :

« Nous devons rester unis. Il ne faut pas que les frasques de papa nous séparent. Il nous a fait assez de mal comme cela. Son comportement est inadmissible, je considère qu'il a mal agi. » Après un soupir, elle poursuit : « Je ne suis pas du tout disposée à lui pardonner. Si maman avait vu ça... »

« Mais, justement, elle n'était plus là pour en souffrir ! » Plus conciliante, à son habitude, Martine tente l'apaisement. « Tu ne crois pas qu'il a eu raison de profiter un peu de la vie ? Il s'est toujours refusé le moindre plaisir. Pour une fois qu'il vivait un peu pour lui. »

Philippe ne dit rien. Babette pleure :

« Toi, Martine, tu as toujours été sa préférée, c'est normal que tu le défendes. Pourtant, c'était une brute. Demande à Philippe ou à Charlotte, tu verras... Je ne comprends pas que vous fassiez comme si de rien n'était : il n'est pas devenu un ange depuis qu'il est mort... J'ai des souvenirs cuisants de ses vexations, de ses silences, de son mépris. Il n'a jamais voulu que je fasse du chant, il m'a toujours rabaissée... Ces derniers temps, il considérait Charlotte comme sa bonne. Avec Philippe, il était d'une dureté, d'une cruauté, un vrai sadique... J'ai toujours refusé que mes enfants viennent en vacances ici. C'était un mauvais père et un épouvantable grand-père. »

En fin de compte, chacun reste sur ses positions. Laure concède qu'on peut comprendre que le père ait voulu « profiter » de la vie, mais qu'il aurait dû le faire avec suffisamment de discrétion pour que ses enfants et ses petits-enfants n'en sachent rien. Elle ne peut oublier certains regards narquois dans le village. De son enfance elle n'a aucun souvenir et ne veut pas en avoir. Pardonner les erreurs éducatives de son père lui semble assez déplacé. Elle n'aimerait pas que ses propres enfants la jugent.

Sur ce dernier point, Charlotte acquiesce. Leur père était comme il était. Ses enfants n'ont pas à le critiquer.

« Je ne peux le condamner ni le juger. Quoi que vous disiez ou même qu'il ait fait, c'est notre père. »

Elle avoue toutefois dormir assez mal, être réveillée par d'atroces cauchemars et se rendre parfois sur la tombe de leurs parents pour chercher du réconfort. Martine, quant à elle, pardonne tout à son père. Elle n'a jamais su lui en vouloir :

« Il a toujours été si charmant, si drôle... C'est vrai que son humour était peut-être un petit peu cruel, surtout pour Philippe qui en était la cible, mais, enfin, c'était notre père ! »

Entre larmes et cognac, Babette répète :

« Pardonner à ce tyran qui n'a jamais eu la moindre tendresse, la moindre clémence, la moindre compassion pour quiconque ! C'est une proposition scandaleuse ! Il aura donc eu tous les droits, jusqu'au bout ! »

Philippe finit par dire qu'il a entrepris une thérapie pour se libérer du poids qui pèse sur lui :

« Je ne sais si cela débouchera sur le pardon ; j'en suis à essayer de nommer ce que je ressens à son égard. La peur domine encore, je le crains... Si un jour je lui pardonne, ce sera pour en être libéré... »

Cette petite scène familiale donne un aperçu de la diversité et la difficulté du pardon filial dans une même fratrie. Certes, à eux cinq, le frère et les sœurs sont loin de représenter l'ensemble des figures possibles du pardon aux parents. Leurs griefs sont les leurs, leurs histoires n'appartiennent qu'à eux ; leur pardon également. Ils nous permettent toutefois d'esquisser quelques traits du processus de pardon, d'en pointer embarras et spécificités.

Un mot sur le contexte : la réunion se déroule à un moment privilégié, l'approche de Noël, souvent présidé par un imaginaire de paix et de réconciliation. « Paix sur terre aux hommes de bonne volonté », semblent vouloir dire Laure, l'organisatrice, et Martine, la conciliatrice. La rencontre se situe un peu plus d'un an après un deuil familial important, celui d'un père puissant, à la fois aimé et craint. Soirée privée entre frère et sœurs, sans les conjoints ni les enfants, après un silence d'une année, elle est pensée dans l'esprit d'une réconciliation après le différend apparu chez le notaire à la lecture du testament, au moment crucial où se jouait la question de la succession. Le pardon au père n'est pas l'objectif premier de la petite fête qui concerne surtout les rapports que chacun entretient avec les autres membres de la fratrie. Il apparaît bien vite toutefois que le rapport au père est ce qui les réunit et en même temps ce qui les sépare. Aucun des cinq n'a eu la même relation avec lui, aucun ne porte la même amertume, les mêmes symptômes, le même chagrin. Si les questions de la succession, du deuil, des reproches et du pardon se posent à tous, elles prennent pour chacun une tension et une acuité difficilement communicables aux autres.

Situation classique dans une famille. Le pardon aux parents qui semble à l'un impossible ou prématuré, injuste, voire cruel, à l'autre paraîtra spontané, facile, naturel. Pour un autre encore, il sera vital, nécessaire, ou forcé, contraint. Plus encore, le pardon de l'un n'est pas toujours compris par l'autre, il le dérange, voire l'offense. Qu'il soit considéré comme un passage de relais ordinaire pour prendre sa place dans la lignée ou comme un acte personnel fondamental pour devenir soi-même, le pardon aux parents reste une énigme pour celui qui n'en a pas éprouvé le besoin, comme parfois pour celui qui y consent. Dans tous les cas, qu'elle le mène au pardon ou qu'elle l'en écarte, la voie de l'un paraîtra claire et dégagée, celle de l'autre confuse, longue et encombrée. Plus encore, qu'il soit poussé par le désir de guérir, par l'exigence de parler, ou qu'il soit habité par la volonté de transmettre, celui qui part n'a jamais l'assurance d'arriver à bon port. Chaque voyageur suivra la route que les événements de sa vie lui offriront et que son histoire passée lui permettra de comprendre. Il devra laisser derrière lui ce qu'il ne peut retenir, et l'accepter ou souffrir ; l'accepter et en souffrir. Or, des événements, des amours, des pertes, des crises ne cessent de le retenir.

Dépasser le chagrin et la peine

Un seul point semble certain : pour atteindre son but, chacun devra dépasser le reproche et le ressentiment, aller au-delà de la douleur vers l'apaisement de sa souffrance. Il lui faudra peut-être passer par ce qu'on appelle le processus ou le travail de deuil.

Comprendre les mécanismes du deuil peut éclairer ceux du pardon, surtout lorsque se dévoilent les multiples surprises et les joies inattendues d'un processus qu'on apparente souvent à la mort et qui est un mouvement de vie, la poussée d'élan vital qui nous arrache à la mort. Encore faut-il le définir. Parler de « travail de deuil » n'est pas analogue à « être en deuil », à « porter le deuil » ni à « faire son deuil ». Le langage populaire associe très justement le mot « deuil » à celui de « décès », à son cortège d'afflictions et aux marques psychologiques et sociales qui l'accompagnent. Il ne retient que le processus et non pas l'objectif : le chemin du deuil est celui de l'affliction, le but du deuil est la libération. Ainsi, être en deuil, c'est avoir perdu récemment un être cher et en porter le chagrin. Selon les usages et les cultures, le statut de deuil est bien visible : les voiles noirs recouvrant les chapeaux ou les brassards de crêpe qui ornaient les manches jadis, les vêtements sombres et les sorties limitées, tout ce rituel social contraignant permettait à l'affligé de pleurer le défunt et de régler ses affaires. Le délai de viduité imposé aux veuves désireuses de reprendre mari équivalait à celui d'une grossesse. Les étapes du deuil social règlent le retour progressif des vivants à la vie publique.

Edgar Morin [1] nous rappelle qu'une grande part des pratiques funéraires et postfunéraires visent à protéger de la mort contagieuse et que la période de deuil correspond à la durée de décomposition du cadavre. L'horreur de la putréfaction et de la décomposition du corps serait à l'origine des rituels

---

1. Edgar Morin, *L'Homme et la mort*, Seuil, coll. « Points », 1976, p. 36.

que toute culture impose aux hommes depuis la préhistoire. Il est assez curieux de constater que l'année de deuil permettait tout à la fois de vérifier que la veuve n'était pas enceinte d'un enfant qui aurait eu pour père son mari décédé, tout en donnant au corps de celui-ci le temps de pourrir en paix.

Temps de précaution donc, le deuil est aussi un temps culturel fort. C'est par lui que l'homme triomphe de la mort. Signe incontestable qu'une force supérieure à la vie la domine et la relaie, la mort a pu faire construire des tombeaux, ruiner des familles, peupler la nuit de fantômes. Le deuil est la mise en ordre de toutes ces extravagances, de la mort du corps à l'immortalité de l'âme ou au retour des esprits. Il a toujours été la grande affaire des communautés humaines et nos musées en gardent de belles traces. Aujourd'hui, il se réduit à une affaire familiale, voire personnelle, plus individuelle que collective, intime parfois, secrète même, souvent socialement invisible. Ainsi, si chacun peut être personnellement endeuillé par la mort d'un président ou d'une princesse, ne porteront son deuil, théoriquement, que les proches. Discrètement. L'expression « faire son deuil » s'éloigne du fait social et se rapproche du processus psychique, pour signifier la résignation à être séparé définitivement d'un proche.

Le travail de deuil est le processus psychique que provoque la perte. Loin de ne concerner que les décès, il marque la réaction à tout manque, à toute perte. Son cheminement va vers la vie : il mobilise les énergies vitales de celui qui doit dépasser une crise et qui lutte contre l'anéantissement de la douleur [1].

La perte d'un être cher en est le prototype, comme l'abandon d'un idéal, la fin d'un rêve, les échecs, les seuils et les étapes de l'âge, le départ des enfants... Chaque fois qu'il faut survivre, le travail de deuil est ce qui permet d'aller plus loin, de ne pas s'effondrer, de dépasser les multiples manques de la vie. Il s'agit de reconnaître la souffrance liée à une perte et de la dépasser. Non pas simplement s'y résigner, il s'agirait plutôt d'y puiser une force nouvelle pour inventer la vie qui suit. Aventure de création, de réparation, le travail de deuil est un puissant moteur de transformation de la douleur vive en souffrance, puis en espérance, et enfin en liberté. C'est pourquoi il est pleinement associé au processus de pardon.

Les phases du deuil

On peut schématiser trois temps : celui du refus, celui de la peine et celui de l'acceptation [2]. Le refus précède le deuil. Il l'annonce ou l'empêche. La peine correspond au travail de deuil proprement dit. L'acceptation, c'est le deuil réalisé. Ces trois étapes ne sont distinctes que dans l'approche théorique. Dans la réalité, elles s'entremêlent, se déploient, s'étirent, s'attardent ou sont escamotées. La peine est chargée de refus, et l'acceptation reste longtemps lourde de chagrin. Tout commence toutefois

---

1. Sigmund Freud, « Deuil et mélancolie », *in Métapsychologie*, trad. J. Laplanche et J.-B. Pontalis, Gallimard, 1968, p. 147.
2. Élisabeth Kübler-Ross, *Les Derniers Instants de la vie*, Labor et Fides, 1987.

par le refus. Il peut durer une seconde ou toute la vie. Chacun s'écrie : « Non ! » en apprenant la mauvaise nouvelle. Ce refus comprend deux étapes distinctes : le déni de la perte et le refus de la douleur. L'esprit recule devant les faits. La mort ou la perte ne sont pas acceptées. Puis on refuse d'en souffrir.

Ainsi connaît-on tous ces personnes qui refusent de voir la réalité et qui font comme si de rien n'était, pour résister aux coups de bélier d'une douleur impensable. Ils font tout pour maintenir un mur d'illusions, pour éloigner la réalité inconcevable. Certains ne peuvent facilement pleurer : la mort de leur proche les menace trop directement pour qu'ils laissent venir leur peine. Ils ne refusent pas la réalité de la mort, ils dénient leur chagrin.

Le deuxième temps du deuil, c'est celui du chagrin, des larmes, de la souffrance reconnue. Il peut durer longtemps et s'installer dans une des pathologies du deuil, de la dépression à la mélancolie. La plupart du temps, il fait avancer pas à pas dans un brouillard de souvenirs heureux et malheureux et permet que la vie revienne. Alternent des phases d'abattement et de peur, une angoisse de la solitude, un profond sentiment d'abandon, des bouffées de pensées magiques, le retour de la tristesse.

Le troisième temps, celui de l'acceptation, marque le retour progressif de l'espoir. L'énergie vitale accroche de nouveaux projets, réinvente un monde vivable, l'apaisement revient. La douleur laisse place à la souffrance et celle-ci à la création, au don. De nouveaux échanges permettent au souvenir et à l'absence de se mêler subtilement et de laisser une place à l'avenir.

Refus, souffrance, apaisement : ces trois mouvements s'intriquent et s'entrelacent. De nombreux retours en arrière surgissent. La pensée peut se bloquer à tout moment. L'espoir est comme un flux qui pousse et se retire ; le temps stagne, s'étire et se vide puis il se précipite. Des événements fortuits ou codés interviennent. Ainsi, les dates anniversaires, les rituels sociaux aident à passer le cap en cristallisant l'émotion, en réveillant la peine et les larmes. Le cours de la vie brode et enchevêtre ses propres motifs sur la trame d'un processus qui, hors pathologie, va doucement vers la mémoire et l'oubli.

À travers les témoignages qui nous accompagnent tout au long de ce voyage, nous voyons comment, du choc à la cicatrisation, de la douleur à la réparation, de la blessure subie à la créativité retrouvée, le temps du deuil dégage une route qui mène au pardon. Prudence, toutefois. Cet ouvrage ne prétend pas poser les conditions d'une métapsychologie du pardon filial et encore moins du pardon en général. Il s'agit simplement d'en rendre visibles quelques repères, en insistant sur ce qui rend unique la route de chacun vers son pardon.

Réquisitoire et inventaire

Le pardon peut être instantané, s'accorder dans la fulgurance d'un état de grâce, ou traîner tout au long d'une vie. Les témoignages nous permettent de distinguer deux modes de rapport aux reproches et d'avancée vers le pardon. C'est à travers eux que se jouent le refus, la souffrance et l'apaisement. Le premier temps, vindicatif, est celui du réquisitoire ; le second, lucide et nuancé, celui de l'inventaire. En effet, une fois dépassée l'impossibilité du reproche qui bloque la voie du pardon arrive souvent le temps du réquisitoire, où s'énoncent les fautes, où se dressent les listes de plaintes et de reproches. Viendra ensuite le temps de l'inventaire qui permet de faire un état des lieux nuancé : les charges et les décharges sont séparées, les excuses et les mobiles examinés. Autrement dit, le réquisitoire suit le déni tandis que l'inventaire prépare le pardon.

L'analogie avec le deuil nous donne certaines clés, mais, comme toute analogie, elle reste limitée et ne doit pas nous leurrer sur le fait que, si le deuil est nécessaire, le pardon reste un choix. Hors pathologie, le temps mène naturellement à l'oubli, même partiel, et l'usure des jours a raison de beaucoup de peines. Il n'en est pas de même pour le pardon. Le temps ne fait rien à l'affaire ; il n'est qu'un allié, il n'est pas un maître.

Le pardon n'est pas l'oubli. Il n'est pas simplement non plus la fin de la haine. Le pardon est un acte de pensée volontairement consenti. Certes, toutes les modalités de pardon sont possibles, mais il semble qu'aucun pardon ne puisse être accordé passivement par quelqu'un qui n'y souscrirait pas expressément. Pour certains, le pardon aux parents est un acte privé, discret ou solennel ; pour d'autres, il est un constat, le regard rétrospectif sur un état de fait. Pour d'autres encore, il reste une quête, l'inaccessible étoile de leur vie. Dans tous les cas, le pardon garde la marque d'un consentement.

Le réquisitoire ou le refus et la colère

Claire dresse la liste des reproches qu'elle fait à son père et en détaille le contenu avec une précision d'huissier ou de procureur. La construction même de son témoignage et son énoncé circonstancié signent combien il est important pour beaucoup d'enfants blessés de garder la maîtrise de l'accusation. Ils ont besoin de nommer les faits, de les sérier, pour maintenir à distance ce qui les blesse. Quel que soit son mode d'expression, longues listes de critiques, blâmes répétés, jugements sans appel, le réquisitoire permet le passage de la douleur à la souffrance. L'acte d'accusation de Claire illustre parfaitement cette étape d'une mue personnelle rude et acerbe. Ne dit-elle pas, au début de son témoignage, qu'elle a mis longtemps à pouvoir se fâcher ? Entrer dans le temps du reproche est ardu et pénible pour tous les enfants qui ont souffert par leurs parents. Le passé les tient, il les accroche et les entraîne vers le bas. Trouver la force et le temps de s'en libérer pour ne pas couler est le préalable.

Avant d'envisager de pardonner à leurs parents, nombreux sont ceux qui passent par le refus, celui du reproche même, ou celui du pardon.

Ni reproche ni pardon

Le refus ordinaire est le moment de sidération qui suit l'annonce d'une mauvaise nouvelle, qui succède à l'horreur du traumatisme : « Non ! Ce n'est pas vrai ! Ce n'est pas possible ! » L'esprit s'y refuse. Il tente de nier l'événement. On ne peut croire la réalité qui vient faire effraction et détruire en une seconde tout l'édifice d'une vie. Le flash de négation qui accompagne l'irruption tragique dans le fil des jours laissera place à la réalité, lorsque, seconde après seconde, heure après heure, l'évidence entrera dans la chair. Refuser, c'est tenter de fuir dans un monde qui ne serait pas soumis aux contraintes de la réalité. Certains peuvent s'y réfugier et construire ainsi toute une vie de leurres et de faux-semblants. D'autres se font rattraper par la douleur. Ainsi Charlotte, celle qui a le plus souffert et le plus longtemps, dit ne rien avoir à pardonner, puisqu'elle n'a rien à reprocher. Elle ne s'accorde pas le droit de penser les fautes paternelles, ni de les lui imputer, ni de les rendre responsables de ses propres cauchemars. En passant, presque de façon fortuite, elle confie aux autres qu'elle va sur la tombe de leurs parents chercher un réconfort qu'elle ne trouve pas.

Est-ce à dire que la question du pardon ne se pose pas pour ceux qui ne peuvent formuler aucun grief ? Est-ce à dire que s'ils ne reprochent rien, c'est qu'ils n'ont pas souffert ? Les larmes de Babette attestent du contraire. Si Charlotte ne peut rien reprocher, c'est peut-être par incapacité à porter ouvertement le poids de ses rancœurs. Comme beaucoup d'enfants assujettis à l'emprise familiale, elle ne s'autorise ni pensée ni émotion autonomes qui s'émanciperaient des conventions de respect familial. Enfermée dans ce carcan, elle plie sous le refus de savoir, autant par inhibition à penser que par peur de souffrir. Comme beaucoup de ceux qui préfèrent laisser les dossiers clos, elle refuse d'en prendre connaissance, par crainte de ce qu'elle y lirait et de ce que cela pourrait déclencher. On ne touche pas au père, par respect filial. Toutefois, si Charlotte refuse de prendre l'initiative de les formuler, elle ne nie pas que des reproches soient pensables. Elle se contente de refuser d'en assumer personnellement l'accusation. D'autres seront plus catégoriques : il n'y a pas lieu d'accuser. Leurs parents sont parfaits : père insoupçonnable, mère irréprochable. À personne ils n'accordent le droit d'en douter.

Ainsi, Sigmund Freud, le cher homme, ne pouvait critiquer ses parents. Il pensait par exemple que les sentiments d'une mère pour son fils étaient dénués de l'agressivité qui compose toute tendresse. Pour lui, l'agressivité « constitue le sédiment qui se dépose au fond de tous les sentiments de tendresse ou d'amour unissant les humains, à l'exception d'un seul peut-être : le sentiment d'une mère pour son enfant mâle [1] ».

Laissons-lui cette illusion – que partagent peut-être beaucoup d'hommes –, et regardons du côté de son père, avec lequel il fit preuve de beaucoup plus d'indulgence encore. Le fabuleux travail de Marie Balmary a mis au jour les nombreux signes de l'extraordinaire loyauté filiale du professeur Freud à l'égard de son cher papa [2]. Non seulement il ne lui reconnaît aucun rôle actif dans sa propre névrose, mais, pour le disculper des fautes qu'il ne peut supporter de lui découvrir, il va jusqu'à innocenter tous les autres pères.

À la mort de son père, Freud abandonne sa première théorie des névroses, la théorie de la séduction, qu'il appelle sa *neurotica*. Dans une lettre à son ami Wilhem Fliess, il déclare douter que les pères et les oncles des jeunes filles qu'il soignait se soient livrés sur elles à des attouchements. « Je ne crois plus à ma

1. Sigmund Freud, *Malaise dans la civilisation*, trad. Ch. et J. Odier, PUF, 1971, p. 67.
2. Marie Balmary, *L'Homme aux statues, Freud et la faute cachée du père*, Grasset, 1979, p. 239.

neurotica [1] », dit-il. Parmi les explications qu'il développe dans sa lettre, l'une concerne directement la supposée faute des pères que Sigmund Freud ne peut plus supporter de mettre en avant : « Dans chacun des cas, il fallait accuser le père de perversion, le mien non exclu [2]. » Une telle généralisation des actes pervers commis envers les enfants lui semble peu crédible. Nous sommes en 1897, son père vient de mourir. Sigmund Freud est en plein deuil. Son ambivalence de fils et ses élans de loyauté filiale lui interdisent d'incriminer son père en le soupçonnant de désirs coupables envers les enfants.

À partir de là, les pères ne sont pas des séducteurs, on ne peut les accuser de perversion. On ne peut leur reprocher aucune pensée ni aucun geste équivoques à l'égard des enfants. Les désirs coupables et les troubles dont les enfants font état sont fantasmés par eux. Ainsi naît une des grandes avancées freudiennes de la psychanalyse naissante, le complexe d'Œdipe. À la lumière des travaux actuels sur la réalité des abus sexuels familiaux, on peut regretter que Freud ait reculé devant ce qu'il ne pouvait penser. La théorie de l'œdipe en aurait-elle pâti ? D'autres voies la lui auraient probablement ouverte. Reste que le grand homme ne pouvait regarder la faute des pères en face. Par loyauté ou pudeur filiale, par éducation, il s'interdisait le reproche que nous trouvons si fécond. Son aveuglement filial portait la marque des névroses qu'il aidera à éclairer. Pudeur d'une époque ? Pas du tout. Marie Balmary le souligne, les

---

1. Sigmund Freud, Lettre 69, *in La Naissance de la psychanalyse,* trad. A. Berman, PUF, 1971, p. 190.
2. Cité par Marie Balmary, *in op. cit.*, p. 240.

quatre mots « le mien non exclu » ont été omis dans la traduction française. On voit que le refus de toucher au père n'est pas une résistance propre au temps de Freud.

En ce qui le concerne, on ne peut qu'être surpris par l'hésitation d'un esprit aussi curieux et courageux, qui bravera à plusieurs reprises les conventions bourgeoises par ses théories, jugées scandaleuses. Il osera parler de sexualité infantile et de pulsion de mort, choquant la communauté scientifique, mais il recule devant son père et n'ose formuler des critiques sur ses parents. Force de l'inconscient ! Comme lui, nombreux sont les enfants qui refusent de croire leurs parents coupables.

De génération en génération se transmet alors le silence. Déni et refoulement. Hypocrisie et conventions. Chaque famille cache ses cadavres et ses hontes. Chaque enfant enfouit ce qu'il n'ose penser. Pourtant, la moindre observation le confirme, aucune famille n'est parfaite ; le croire, c'est s'illusionner volontairement. L'idéalisation des parents paralyse la mémoire, elle interdit réquisitoire et inventaire et contamine la transmission. La loyauté ou la peur rendent le pardon impossible quand le déni des injustices passées le rend inutile. Au mieux prend-il alors l'allure simple d'un non-lieu.

Les dettes abjectes

Jemma a retrouvé sa mère après un long périple. La vieille dame, malade, a mal accueilli cette enfant qu'elle n'avait pas revue depuis cinquante ans et dont elle se souvenait à peine. Folle de joie d'avoir retrouvé sa mère qu'elle cherchait depuis si longtemps, Jemma s'est consacrée à elle, la soignant, la comblant de cadeaux. Elle l'a veillée jusqu'au bout, guettant un sourire, une approbation, un mot qui ne sont jamais venus.

Une des pires violences que mon métier m'a fait subir fut de découvrir ce que j'appelle les dettes abjectes, ces liens de loyauté qui attachent les enfants privés d'amour aux parents délaissants ou maltraitants. Ceux qui n'ont pas été aimés peuvent passer leur vie à se protéger d'un constat insupportable pour eux : ils nient la haine dont ils ont été l'objet. Ils attendent toujours l'amour ; ils l'espèrent toujours. Ils guettent le geste qui viendra enfin. Pour l'obtenir, ils comblent leur bourreau d'attentions et d'affection. Pour eux, le temps de la colère et des reproches ne peut venir. La seule haine qu'ils connaissent, c'est la haine d'eux-mêmes !

C'est pourquoi je respecte la violence de celui qui crie sa rage. J'estime celui qui peut penser sa fureur. Certes, j'admire celui qui est capable de dépasser le ressentiment et qui parvient à pardonner, mais aucun pardon ne me semble légitime qui se construirait sur le déni de la souffrance et sur l'escamotage du légitime temps de haine.

Marie Balmary le souligne : celui qui subit l'offense sans pouvoir l'attribuer à son auteur la porte comme s'il en était le coupable. La psychanalyse montre que nombreux sont ceux qui s'accusent des fautes qu'on a commises envers eux, fautes non reconnues par leurs auteurs et dont le poids écrase la victime. Dans la cure analytique, le transfert permet de déplacer cette culpabilité, d'oser le reproche. Le thérapeute a cette fonction : il reçoit, « porte symboliquement les fautes dont personne n'a voulu assumer le poids [1] » et qui encombrent son patient. Le travail du psychanalyste consiste à en éprouver le choc, à en ressentir la gêne, la colère, la tendresse, ce qui permet à son patient d'avoir accès aux mots et aux liens qui lui manquaient.

« Tant d'offenses pourtant ne pourront apparemment jamais plus être éclairées par le reproche ; celles dont nous n'avons pas conscience – celles dont les auteurs sont hors de notre portée lorsque nous découvrons nos blessures, parce qu'ils sont trop lointains, disparus, morts... [2] », nous dit Marie Balmary. Sans la formulation du reproche, aucun pardon réel ne peut s'élaborer.

Accorder à chacun son droit au refus, lui reconnaître la liberté de haïr, c'est respecter la légitimité de sa colère. La haine peut aider à tenir le coup. Mésestimer cette force est une erreur que ne peut commettre celui qui s'intéresse au pardon filial.

Écoutons Lou, qui ne souhaite pas évoquer ses blessures mais tient à exprimer son refus de pardonner à son père : « Je ne peux pas. C'est au-dessus de mes forces. Sa violence a bousillé mon enfance. Je sais bien que ma haine m'encombre et qu'ainsi il continue à avoir prise sur moi. Si je pouvais lui pardonner, je sens bien que je serais libérée de lui, mais c'est plus fort que moi, je n'y arrive pas. C'est comme si le lien de haine qui me tient à lui ne pouvait se desserrer. Il est encore là. Il est toujours là. »

Celui qui est encore dans l'étau qui l'a longtemps tenu ne saurait vivre sans lui. Le lien de haine le

1. Marie Balmary, *Le Sacrifice interdit*, Grasset, 1986, p. 66.
2. *Ibid.*

constitue, il ne saurait le lâcher sans s'effondrer. Ainsi apparaît un élément essentiel à la démarche de pardon : il ne faut pas brûler les étapes. Il importe de reconnaître aux sentiments négatifs leur nécessité pour pouvoir éventuellement les dépasser. En effet, la haine, surtout la haine filiale, est une des formes que prend l'angoisse de vivre, une des figures de la peur. La relation qui se noue entre parents et enfants est la plus forte qui soit ; affective, passionnelle, elle porte en elle la trace pulsionnelle des attachements premiers. Elle est faite de rage, de désir de possession, d'avidité. Les sentiments qui habitent les adultes ne sont que le reflet des rages intenses des premiers émois dont ils sont encore fortement imprégnés. La haine n'est rien d'autre qu'une figure de la passion. La dénier ne peut permettre de surmonter l'angoisse qu'elle tente de maîtriser. Certes, elle retient et entrave, mais elle constitue également une force. Force de lien et force de séparation, non seulement elle crée une relation intense qui ne laisse aucune chance à l'oubli et permet à celui qui doit lutter de trouver l'énergie nécessaire à son combat, mais elle prépare la mise à distance et la séparation.

La séparation ! C'est ce qui manque à tous ceux qui, avant de pouvoir penser le pardon, doivent retrouver leur place dans la filiation, une place de fils et de fille séparée et protégée par le seuil générationnel. Leurs histoires nous le rappellent, le temps du pardon ne peut venir sans celui de la séparation. C'est pourquoi il est important de respecter le temps et le processus qui la rendent possible. Séparation psychique, seuil générationnel, recul du reproche, éloignement critique : sans ces mises à distance, le pardon aux parents ne serait qu'une absolution aveugle, une soumission de plus à l'arbitraire et à l'injustice de la vie. La haine est certes une transformation de l'attachement premier, mais elle pose un écart, une différence, là où l'amour pousse au rapprochement. C'est pourquoi elle peut paraître, surtout à l'adolescent, le seul espace psychique qui lui appartienne en propre et l'autorise à exister face à ses parents. Elle lui permet de se défaire de l'emprise parentale, et de se chercher une personnalité propre. La haine étant une passion, elle constitue un risque d'enfermement, de destruction de soi et du rapport aux autres. D'où le danger de la dénier. Elle couve alors souterrainement et peut détruire toute chance de liberté et bien sûr de pardon. Reconnaître à la haine sa réalité, c'est en éprouver la force, s'y adosser, y fonder sa vérité pour pouvoir, le moment venu, la dépasser.

La prison du ressentiment

Comme toutes les formes d'attachement filial, la haine peut retenir dans son empire celui qu'elle a happé. Comme toutes les passions, elle peut dominer la scène et occulter toute évolution relationnelle. Autrement dit, nous ne proposerons pas plus une apologie de la haine que du pardon, d'autant que toutes les haines ne mènent pas au pardon. Toutefois, on ne peut engager la réflexion sur le travail psychique du pardon, sur ce qui le rend souhaitable et sur les bénéfices qu'il promet, sans évoquer ceux qui maintiennent vive leur rancune et qui ne lâchent rien de leur ressentiment. Ils sont nombreux. On peut vivre avec sa haine et même vivre longtemps. Elle peut même constituer un facteur de survie. Le réquisitoire peut devenir une habitude. Qui ne connaît ces adultes aigris qui tiennent une comptabilité serrée des injustices et des privations dont ils ont eu à pâtir ! L'amertume et le ressentiment leur tiennent lieu de mémoire et il ne leur reste d'autres souvenirs du passé que la triste liste de leurs peines. Ils se souviennent même pour vous si d'aventure votre mémoire s'était endormie sous le désir d'oublier.

Raymonde, évoquée plus haut, parle peu, rit moins encore, n'a jamais pardonné. De sa vie de douleur, de travail et de misère, elle ne se plaint pas. Elle a traversé deux grandes guerres, vécu deux exodes, perdu deux fois sa maison. Elle a enterré ses parents, ses frères et sœurs, pleuré son fiancé, perdu son mari et son fils. Elle se souvient avec émotion de chevaux et de chats, des jardins de son passé et de toutes les injustices familiales dont elle a été marquée, dot, héritages, donations, partages, mariage. Elle a maintes fois été lésée et n'oublie rien. Le jour, elle s'occupe, entretient le jardin et repasse méticuleusement le linge. La nuit, d'une voix d'enfant, elle appelle sa mère, à laquelle, pourtant, elle n'a jamais pardonné. À laquelle, d'ailleurs, elle n'a jamais rien reproché non plus des petites injustices dont elle a souffert et dont elle tient une comptabilité serrée.

Nombreuses sont ces femmes sans pardon, sans vengeance mais non sans rancune, issues d'une époque où les parents n'étaient pas controversés. Le reproche couvait sans être formulé. Les parents avaient des droits indiscutables, construits par la tradition et renforcés par la morale et l'éducation. Son exemple montre combien le passage par la haine est précieux, à condition de pouvoir le dépasser.

L'inventaire ou le chagrin et les larmes

Le temps de l'inventaire est le cœur du deuil, il suit la colère et libère les larmes. Dernière phase du travail psychique qui permet de sortir du deuil, il rend le pardon possible.

Dans le deuil, comme dans le pardon, le temps de l'inventaire est le temps des souvenirs tristes, celui des pleurs solitaires, du repli sur soi. Il est chargé de doutes et marqué de nos ambivalences. Celui qui s'y engage ne peut plus se protéger de sa haine et de son ressentiment. Les torts de ses parents à son égard sont cousus à l'intérieur même de sa chair et constituent les fibres de son être. Démêler ce qui lui appartient de ce dont il veut se débarrasser peut être l'épreuve de toute une vie. Le temps de l'inventaire est celui du chagrin et de la mémoire, il permet de faire la part des choses et d'exonérer le parent d'une partie de ses erreurs, en attendant de les lui pardonner, éventuellement. Autant le temps du réquisitoire est habité par la haine et le besoin de vérité, autant celui de l'inventaire laisse la place à la bienveillance et au besoin de paix.

Cachons ces chagrins indiscrets

Le temps du chagrin n'est pas facile à socialiser. Nos sociétés ont tendance à l'annuler, à vouloir le réduire. Le chagrin visible dérange. Alors on recourt aux tranquillisants, aux somnifères, on est gêné de laisser paraître ses émotions, on banalise par conformisme social. Le deuil ne se porte plus, ne se marque plus, ne se montre plus. Tout se passe comme si ne plus se conformer au marquage rituel diluait le deuil dans l'effervescence ou l'ennui des jours, comme si le fait qu'il ne soit plus porté par la communauté en rendait la visibilité impudique. La ville cache ses morts comme la société nie sa mortalité, et celui qui traverse l'épreuve de la perte doit lutter seul. Au chagrin du deuil s'ajoute la faute d'être endeuillé !

Pour dépasser le deuil, il est nécessaire de prendre le temps du chagrin. De même, pour pardonner, il faut avoir traversé la peine. Comment supporter l'injonction d'un pardon pressé : « Allez, allez, on pardonne et on n'en parle plus ! » Prendre le temps du pardon, c'est prendre le temps de la parole. Sinon ne reste que le clivage brutal qui oppose refus et acceptation en gommant l'étape intermédiaire, essentielle, celle de l'élaboration. Elle seule permet de dépasser le traumatisme et d'aller vers la guérison. C'est le fond du travail de deuil. Freud l'a souligné dans « Deuil et mélancolie [1] » : si le deuil est la « réaction à la perte d'une personne aimée ou d'une abstraction mise à sa place », le travail de deuil au sens large va consister à intégrer les réalités douloureuses. « L'épreuve de réalité a montré que l'objet aimé n'existe plus et édicte l'exigence de retirer toute la libido des liens qui la retiennent à cet objet. » Va s'ensuivre un minutieux travail de mémoire qui permet de revisiter le passé partagé avec la personne manquante et de trier les éléments qui constitueront les souvenirs qu'on choisit, provisoirement, de garder. « Chacun des souvenirs, chacun des espoirs par lesquels la libido était liée à l'objet est mis sur le métier, surinvesti, et le détachement de la libido est accompli sur lui. »

1. Sigmund Freud, *Métapsychologie*, trad. J. Laplanche et J.-B. Pontalis, Gallimard, coll. « Idées », 1974, p. 147.

L'approche clinique des situations traumatiques et des deuils montre comment, entre l'événement et la stabilisation du souvenir, pendant la latence du travail de deuil, chacun élabore sa version personnelle et affective de la perte. La mémoire choisit les séquences à conserver, selon le type de relation qu'on veut maintenir, elle réorganise les souvenirs, en met certains en évidence, en estompe d'autres. Il en est de même dans le pardon. Pour pardonner à son parent, il faut réussir à penser à lui sans trop souffrir. Pour cela, il est nécessaire qu'une version écran s'interpose entre la cruauté de la réalité et le souvenir qui se construit. Cette version écran ne peut être conçue sans un état des lieux lucide qui passe du réquisitoire acerbe à l'inventaire bienveillant. Chaque événement traumatique requiert un travail psychique de suture, de lien, sollicite la capacité à échafauder le roman de sa vie. Sans ce recours à l'imaginaire, chacun serait écrasé par la brutalité des épreuves sans pouvoir y survivre.

Meurt le vivant et naît le défunt

On dit souvent que le travail de deuil consiste à tuer le mort. Il s'agit de lui laisser sa place dans la mémoire et de l'évacuer du quotidien. Étape par étape, souvenir par souvenir, le survivant vide ses armoires et range ses photos. Ce long et lent processus est rendu possible à partir d'une pratique discrète mais fondamentale, la toilette du mort. Ce rituel peu prestigieux donne à la personne qui vient de décéder le double statut qui lui permet d'entrer dans la mort : le corps devient un cadavre et la personne devient un défunt. Le cadavre sera enterré ou incinéré. Le défunt sera pleuré et entrera à la fois dans la mémoire et dans l'oubli. Dans la mémoire seront conservés les souvenirs choisis par ceux qui restent ; dans l'oubli tombera la vérité de celui qui ne sera plus là pour la défendre. La toilette du mort est un temps de bascule qui dissocie les restes matériels, qu'on ne veut pas garder, et le souvenir, qu'on ne veut pas perdre. Meurt le vivant et naît le défunt. Le cadavre va prendre sa place parmi d'autres dépouilles ; le défunt va rejoindre d'autres disparus. Temps initial, essentiel, il se prolonge par l'enterrement qui règle le statut de la dépouille et les funérailles qui pleurent le disparu. Tout le temps du deuil repose sur cette bipolarité corps et âme de l'humain. Les rituels du deuil permettent à la communauté des vivants d'accompagner ces deux transformations, de les humaniser. Ceux qui ne savent pas où sont les corps de leurs disparus éprouvent de la difficulté à en faire le deuil. Pour faire le deuil d'un être aimé, il faut savoir où reposent ses restes. Tuer le mort consiste à libérer le souvenir du disparu de ses restes charnels.

De même, pour pardonner à ses parents, il faut les débarrasser de quelques lambeaux de chair trop encombrants. Nul ne pardonnerait s'il avait tout gardé en mémoire et nul ne pardonnerait s'il avait tout oublié : il n'y a pas de pardon sans souvenir, sans le travail de mémoire qui permet le souvenir. Ainsi, pour pardonner, il est nécessaire de pouvoir enterrer ce qui doit pourrir et de garder uniquement ce qu'on veut honorer. À l'issue de ce long travail d'inventaire, le pardon portera sur ce qui ne s'est pas dissous dans le partage des torts, dans les mouvements contradictoires et ambivalents de la compassion alternant avec la révolte.

Le travail d'inventaire

Pour pardonner, il va falloir séparer ce pour quoi on blâme ses parents de ce dont on les blanchit, trier ce qu'on garde et ce qu'on rejette. Ainsi pourra-t-on laisser se putréfier ce qui doit pourrir et choisira-t-on ce qui sera sauvé. Dans le pardon, comme dans le deuil, on ne conserve pas tout.

Celui qui veut survivre aux erreurs, aux blessures et aux cruautés parentales, comme celui qui survit à un être cher doit choisir entre ce qu'il continue à reprocher et ce qu'il peut accepter, voire pardonner. Un recensement minutieux des torts et des circonstances atténuantes permet de séparer ce qui s'épurera dans un souvenir apaisé et ce qui devra donner lieu à un réel acte de pardon.

En écoutant Pierre-Marc, on voit fonctionner ce précieux travail d'inventaire. À dix-sept ans, au cœur de sa révolte, le fils fuit le père, son héroïsme, son intransigeance, les anciens combattants et les drapeaux qui l'entourent. « J'ai vécu toute mon enfance dans l'ambiance particulière de ces souvenirs de guerre et des valeurs sans cesse répétées : l'honneur, la fraternité, l'engagement de la parole. C'était le refrain dont on me rebattait les oreilles, des valeurs immuables dont mon père était le gardien et qu'il incarnait sans jamais faillir. Par ailleurs, il était pudique et peu démonstratif, il ne m'a jamais manifesté de tendresse. Son éducation était rationnelle, faite d'obligations et de devoirs. Je l'entends encore : " Chacun construit son destin, on doit mériter ce qu'on devient... " Il fallait toujours être à la hauteur de ce qu'on avançait. C'était morose, exigeant, intransigeant, insupportable à vivre au quotidien. » Des années plus tard, Pierre-Marc analyse avec humour le mélange d'admiration et de ressentiment qui le lie encore à son père. Il ne construit pas un réquisitoire, il nuance, comprend, partage. Son pardon est l'aboutissement d'une réflexion personnelle, d'un questionnement qui ne bouleverse rien dans sa vie, mais lui donne les assises nécessaires à sa maturité. En effet, quel homme ne connaît pas l'inquiétude de traîner les lourdes séquelles d'un conflit qui entrave sa maturité ? En dehors de toute faute grave, pardonner à son père les conflits ordinaires de l'adolescence, c'est la seule façon de prendre pied dans une vie adulte. Or, le travail d'inventaire requiert une sérénité que ne possèdent pas tous les fils. Pour se risquer à faire le tri de la haine et de l'attachement, un soutien est souvent nécessaire.

C'est ce dont témoigne Anne dans un récit nuancé où reste visible le long chemin qu'elle a dû parcourir pour pardonner à sa mère. « J'ai pardonné à ma mère après sa mort. Je ne lui en veux plus, elle ne l'a pas fait exprès. Je lui en ai longtemps voulu car elle m'a culpabilisée. Elle m'a dit qu'elle avait failli mourir au moment de ma naissance. Elle m'a dit que j'étais un accident. J'ai surtout souffert de l'absence de liberté personnelle, dans la mesure où elle voulait des enfants parfaits, sans failles. Nous étions six et, en ce qui me concerne, je ne correspondais pas exactement à ce qu'elle attendait de moi. Elle attendait la perfection. C'était une femme qui avait beaucoup de principes. »

Lorsqu'elle parle de sa mère, Anne n'accumule pas les reproches ; elle se souvient également des bons moments. En osant reconnaître son ambivalence, son attachement, sa souffrance et même sa haine, sous la forme discrète de l'indifférence, elle réussit la subtile

…du reproche et de la compassion. Comme beaucoup d'autres, c'est par le biais d'une psychothérapie qu'Anne s'est donné les moyens d'aider la vie à reprendre le dessus. C'est là qu'elle a mesuré son attachement à sa mère malgré la douleur d'une enfance sans tendresse. N'est-ce pas un joli travail de pardon qui est réussi là ? Le pardon n'efface pas les blessures, il permet de vivre avec. Il donne à celui qui y accède le bénéfice d'une acceptation de la réalité : celle de ses parents et de leurs entraves et aussi celle de ses propres souffrances.

Le travail de deuil qui mène au pardon filial, comme tout travail de deuil, permet de dépasser la perte, le manque, de survivre aux morts, mais aussi aux torts, voire aux crimes, de personnes bien vivantes.

Les pardons difficiles

On sait qu'il est plus difficile de faire le deuil d'un vivant que d'un mort. Le savent tous ceux et toutes celles qui doivent survivre à un abandon, quand l'absent n'est pas mort, mais qu'il est parti vivre et aimer ailleurs. La séparation n'en est que plus douloureuse. Il s'agit de se passer de l'amour défunt d'une personne vivante. Difficile également de faire le deuil d'un mort dont la dangerosité ne s'est pas éteinte avec la vie.

C'est le cas de Juliette. Longtemps après la mort de sa mère, elle craint encore son retour ; elle en rêve la nuit, se réveille en hurlant. Combien de fils et de filles souffrant d'une proximité maternelle dangereuse connaissent l'horreur de ces cauchemars ! Ils témoignent d'un doute profond : même la mort ne peut protéger réellement ceux qui craignent qu'on leur dévore l'âme. Le viol de la vie psychique ne guérit pas avec le temps. Pour ceux qui l'ont subi, le pardon ne vient qu'après la sécurité d'un long et difficile chemin de guérison. Si le travail de deuil consiste toujours à « tuer le mort », au sens où le deuil le renvoie à l'oubli et à la mémoire, la clinique thérapeutique montre que certains morts sont particulièrement difficiles à tuer : la mort réelle d'un parent dangereux n'écarte pas toujours le danger. Les angoisses, les cauchemars, les peurs de toutes sortes viennent hanter leurs enfants. On comprend alors qu'il ne soit pas plus facile de se forger une relation apaisée avec la mémoire de parents morts qu'avec la prégnance de parents vivants. Seul un long travail de deuil permet de transformer les douleurs en souffrance. L'inventaire, qui ouvre la compréhension et les excuses, qui libère la compassion, la tendresse, ne peut se faire que sur dossier, pas sur le vif. La mémoire peut alors accomplir son travail et laisser l'avenir adoucir les angles et arrondir les formes. La présence vivante du parent dangereux rendrait probablement les choses impossibles. La condition expresse du pardon est la lueur de paix intime que promet l'arrêt des nuisances et des hostilités.

Il en est de certains pardons filiaux comme des pardons que la justice octroie à ceux qui ont payé leur dette par la prison. Le pardon renforce un quitus que la peine a préparé. Il est en sus. Il ne se substitue pas à la peine, il n'en est qu'une conséquence logique : seules les fautes punies et payées sont pardonnées. Dans d'autres cas, une grâce ou une amnistie, le pardon remplace la peine, il est lui-même la sanction, une sanction positive, toute d'indulgence. Les raisons de la clémence peuvent être stratégiques, politiques, égoïstes, craintives, reste que celui qui l'accorde sans attendre que la revanche de la vie n'ait pris son dû crée lui-même les conditions de la paix. Il rend possible la signature unilatérale du traité.

Certains accorderont, de leur propre chef, l'absolution qu'aucune peine ou punition n'aura sanctionnée. Leur pardon tranche dans le vif, il est grandiose. Il est l'acte surhumain de détachement et de réconciliation avec la vie. Pour d'autres, le pardon suivra la sanction : la justice aura puni ; la vie aura fait payer. Pour d'autres encore, le pardon n'entrera dans aucune économie de rétribution, il ne sera qu'une quête d'apaisement personnel et ne concernera pas le parent en question.

Pardonner à ses parents alors que ceux-ci sont encore vivants devient une aventure grandiose si ceux-ci, sans aveu et sans repentir, continuent de nuire. Certains le peuvent. Leur pardon est l'acte surhumain qui garantit le patrimoine de tolérance de l'humanité.

Une aventure spirituelle

Je n'ai pas prospecté dans les sphères confessionnelles, et la dimension religieuse du pardon n'apparaît donc jamais directement dans les témoignages que j'ai recueillis. Cela ne signifie pas qu'elle soit absente de la vie de ceux et de celles qui m'ont fourni la matière première de cet ouvrage. Tout est affaire de contexte : si j'avais voulu privilégier la parole des croyants, je me serais donné les moyens de la recueillir.

Mon choix de clinicienne m'a conduite à interroger le pardon de l'homme à l'homme, dans la singularité du pardon du fils et de la fille au père et à la mère. Dans cette aventure-là, tout le monde est pris ;

nul n'est tout à fait détaché de l'offenseur, que celui-ci nie ou avoue, regrette ou maintienne ses positions et continue ses méfaits. Celui qui pardonne, qu'il veuille faire alliance avec ses parents ou rompre les ponts, qu'il se libère de leur emprise ou qu'il ressasse leurs torts, s'inscrira toujours dans la filiation, quelles que soient les distorsions que ce lien aura subies. Pour beaucoup, le pardon filial, malgré sa subjectivité relationnelle, s'inscrit dans un rapport étroit à sa foi, dans la dialectique singulière des fautes et des absolutions, du péché et de la grâce. Le seul point d'appui que peut trouver celui qui voudrait pardonner à ses parents se trouve dans la ferveur religieuse et dans le contexte rassurant et vivifiant d'un groupe confessionnel. Son pardon de fils se trouve alors fortement soutenu par la volonté d'autres fils de pardonner avec lui. La communauté des frères dissout la faute individuelle et le ressentiment personnel ; elle élargit la dimension d'absolution en donnant un appui dans le groupe et hors du groupe. Parmi les pairs se trouvent la chaleur, la proximité, la vivifiante énergie fraternelle de ceux qui comprennent et qui soutiennent. Hors du groupe, supérieure et extérieure, la transcendance divine donne au pardon son sens et sa dimension symbolique. Ce lien entre le pardon et Dieu est renforcé, dans les religions judéo-chrétiennes, par l'image paternelle du Dieu créateur, Dieu le père. Pardonner à ses parents peut se charger d'une dimension mystique (leur pardonner pour se rapprocher du Père ?) ou d'une dimension blasphématoire (qui es-tu pour oser Lui pardonner ?).

Sur ce sujet, écoutons Jacques Ellul : « Car le pardon de Dieu s'accomplit dans l'Alliance. Et le pardon de l'homme a exactement la même fin. Et, comme l'Alliance, le pardon ouvre devant les deux un avenir, et un chemin libre. Alors que la colère et la vengeance ferment tout avenir. Mais s'il en est ainsi, celui qui pardonne doit recevoir pour lui la béatitude : " Heureux ceux qui procurent la paix car ils seront appelés fils de Dieu. " L'œuvre majeure du Fils a bien été en effet d'établir la paix entre son Père et les hommes, et de nous réconcilier. L'acte du pardon nous fait entrer dans la Béatitude du Fils [1]. »

Ainsi, le pardon de l'homme, à l'image d'un pardon qui viendrait de Dieu, donne accès à un chemin de liberté. Le pardon libère celui qui s'y engage lucidement et qui se donne les moyens d'inventer son propre itinéraire.

1. Jacques Ellul, « Car tout est grâce », *in Autrement*, série « Morales », avril 1991, n° 4.

7

LES DÉTOURS DU PARDON :

réparer, donner, inventer

Pardonner, c'est donner, proposer un pacte, octroyer sa clémence, gratifier d'une parole d'apaisement. C'est, en fait, un don en retour. Pardonner, c'est donner une réponse. Dans l'ordinaire des conflits humains et des drames familiaux, le pardon est toujours second par rapport à l'offense. De tout temps et en tout lieu, le pardon vient faire écho à une blessure proposant la conciliation au lieu de la menace, la paix plutôt que les représailles. Sous des formes et des significations diverses, le pardon semble bien être un fait culturel et social suffisamment fort pour qu'Olivier Abel [1] parle de « fait moral total », en référence au « fait social total » des anthropologues : il s'agit du phénomène universel du don. Comme le don, le pardon est échange, lien social. Acte d'alliance et de réconciliation, il puise sa force dans l'amour divin pour le croyant et dans la volonté de survie pour tous les groupes humains.

Le pardon filial est un mouvement psychique personnel qui n'a pas de scène formelle, ni officielle, ni

1. Olivier Abel, préface, « Le pardon », *in Autrement*, série « Morales », n° 4, avril 1991.

juridique, ni familiale qui l'organise, l'impose ou même le reconnaisse. Que ce soit pour l'accusation, pour le jugement ou pour la condamnation : pas de réquisitoire ou d'énoncé public. La scène mentale qui permet le processus du pardon passe par des voies intimes, personnelles ou partagées, d'où les « mis en examen » sont soigneusement tenus éloignés. En effet, bien souvent le pardon filial abandonne les coupables à leur misère. Celui qui pardonne ne cherche ni retrouvailles poignantes, ni réconciliation pathétique, ni proclamation publique. Il va jouer sa vie ailleurs.

Ce qui est fait est fait. Les actes, les pensées, les douleurs ne peuvent être annulés. Celui qui veut pardonner n'a pas oublié. Il ne peut rien faire qui efface l'horreur. Il ne peut pas disparaître pour faire disparaître le crime et faire que son parent ne soit pas un bourreau. Il peut rarement se venger et s'interdit toutes représailles. Il ne peut que prononcer lui-même un « non-lieu à poursuite », donner un quitus, et l'enrichir de sa capacité personnelle à faire de son pardon une force pour sa propre vie.

Étranges ou incongrus, dérangeants parfois, les gestes, les pensées et les mots qui concrétiseront son acte de pardon ne seront, le plus souvent, connus que de lui-même : le pardon filial est un art intime. Celui qui a pardonné s'en va, laissant loin derrière lui le passé et n'emportant que lui-même dans ses bagages, avec l'espoir d'une vie meilleure... En effet, si le pardon filial est une des réponses que l'enfant meurtri peut faire à ses parents, elle ne leur est pas souvent adressée directement. Ce chapitre va explorer les détours du pardon.

Si pardonner, c'est donner, pardonner à ses parents, c'est souvent donner à d'autres, c'est donner ailleurs et autrement, ultérieurement. Rares sont les pardons immédiats, beaucoup sont différés. Même le pardon fulgurant qui éclôt dans la grâce est souvent précédé d'un temps de latence, d'une maturation silencieuse, inconsciente. Pour comprendre l'énigme d'un pardon qui s'adresse rarement aux parents concernés et qui cherche des intermédiaires, des temps et des lieux à investir, il nous faut répondre à une première question : quelle serait l'alternative au pardon ? Car si pardonner signifie renoncer à punir, à poursuivre, à haïr, ce n'est pas renoncer à vivre. Bien au contraire, c'est s'en donner les moyens. Des moyens qu'il faut parfois inventer. Si reproches et ressentiments peuvent mener au-delà du désir ou du besoin de vengeance, c'est qu'ils peuvent prendre le temps de s'éprouver et de se transformer.

Nous explorerons la réparation qui répond aux blessures en lieu et place de la vengeance et la sollicitude qui permet de ressentir la souffrance de l'autre Ensuite, la singularité de ce don de paix sera examinée à travers les codes et les mécanismes universels du don. Enfin, nous explorerons sa puissance créatrice à travers des scènes originales, et verrons la nécessité pour chacun d'inventer son propre pardon.

Rosamonde, 37 ans.

« Je suis partie à pied, seule, faire le tour de l'Aubrac. J'avais prévu les étapes, organisé des bivouacs, conçu un itinéraire qui m'éloignerait des sentiers de grande randonnée et me garantirait la solitude totale. À mon retour, j'avais la voix rauque de n'avoir pas parlé de toute la

semaine. Alors, je me suis rendue au cimetière et j'ai pleuré debout devant la tombe de ma mère. Ensuite, je suis rentrée à la maison ; j'ai retrouvé mon mari et mes enfants. Je me sentais bizarre, comme déconnectée. Comme si j'avais laissé une partie de moi dans les montagnes. Mais je savais ce que je devais faire. J'ai écrit à mon père que je ne lui en voulais plus. Pour moi, l'affaire était classée. J'avais réussi à lui pardonner.

Quand je suis revenue de la poste, où j'étais allée porter moi-même la lettre, je me sentais toute vide. Et ensuite, jour après jour, je me suis sentie mieux, de mieux en mieux. Je suis assez fière de ce que j'ai fait. En fait, je me suis libérée du fardeau que je portais depuis la mort de ma mère. Depuis qu'elle m'avait demandé de lui pardonner. Cela m'était impossible alors ; je ne pouvais même pas y penser. À l'évocation de mes parents, il se produisait une sorte de blanc dans ma tête, un silence. Je ne les voyais plus et je m'en trouvais bien. Mais en même temps, je me rends compte aujourd'hui combien j'étais fermée, toute la force qu'il me fallait pour ne pas crier, pour ne pas leur hurler que des parents ne se conduisent pas comme ça. Quand elle est tombée malade, je suis allée à l'hôpital et je me suis occupée d'elle. C'est bête, mais ça m'a fait du bien. Et nous avons parlé. Ça m'a aidée à voir clair en moi : je m'en voulais de lui en vouloir. Quand j'ai senti diminuer ma colère à son égard, j'ai retrouvé ma propre culpabilité d'enfant concernant mon père et ce qu'il m'a fait subir.

Quand j'étais enfant, elle nous a laissés, mon père et moi, pour partir avec un amant. Mon père s'est senti tellement perdu qu'il s'est consolé avec moi. J'étais trop jeune pour prendre conscience qu'il me bousillait la vie. Nous dormions ensemble, il me faisait des câlins...

Enfin, je ne vais pas raconter tout ça ici. Le temps a passé. J'ai fait une thérapie, j'ai rencontré mon mari, j'ai eu mes enfants. Tout allait bien, sauf que j'avais l'impression d'avoir oublié de faire quelque chose... Et cette étrange impression de vide, je ne la ressens plus depuis que j'ai réussi à leur pardonner.

Voici ce que j'ai écrit à mon père : " Je n'oublierai jamais ce que tu m'as fait, cela m'est impossible. Mais je te pardonne. Je crois que maman serait heureuse de le savoir. Ce pardon que je t'accorde, si je le fais, c'est pour moi, pour ma paix à moi, pour ma liberté personnelle. Inutile d'essayer de renouer avec nous. Mon pardon n'est pas une réconciliation avec toi : c'en est une avec moi-même. " »

La réparation

Ceux qui pardonnent ont déjà entamé un parcours de deuil et d'apaisement. Leur désir de pardonner les pousse à en poursuivre la quête. Du réquisitoire à l'inventaire, ils sont passés de la mémoire vive à la forme atténuée, voire attendrie du souvenir et du récit.

Toutefois, rien ne s'oublie réellement, rien ne se conserve non plus en l'état. La puissance créatrice qui permet le pardon est justement de celles qui n'annulent pas les faits, crimes ou reproches. Bien au contraire, elle en reconnaît l'horreur et la transforme en force de vie. Ce recyclage n'a rien d'exceptionnel ; c'est l'ordinaire du processus de réparation qui permet d'éviter l'engrenage de la vengeance et des représailles. La réparation est le processus psychique qui donne les moyens à chacun de construire une vie où les misères ordinaires et les blessures profondes n'empêchent pas les petits et les grands bonheurs de vivre.

Pardon et réparation partagent la même ambiguïté : leur sens est différent selon qu'ils concernent les victimes ou les coupables. Ainsi, tout sépare la démarche du coupable contrit qui demande pardon pour soulager sa conscience de celle de la victime qui accorde sa clémence pour recouvrer sa liberté. Le même décalage va éloigner la réparation du coupable, qui doit un dédommagement à celui qu'il a lésé, selon le Code civil, et la réparation psychique, mise en œuvre par la victime elle-même, pour survivre à son traumatisme. En fait, dans son acception générale, le pardon se demande ou s'implore. Le pardon filial, lui, s'accorde sans conditions de contrition parentale. C'est une de ses singularités que nous avons soulignée et qui nous importe puisque notre démarche interroge le pardon accordé par les enfants et non celui qu'imploreraient les parents. Dans la même logique, nous nous centrons sur la réparation de celui qui a subi les blessures et non sur celle que leur devraient ceux qui les ont meurtris.

En effet, tout le monde connaît la demande de réparation qu'énonce l'article 1384 du Code civil : en reconnaissant les dommages que les coupables font subir aux victimes, elle vise à rétablir un équilibre entre préjudice et dédommagement. Au fond, la réparation veut indemniser les victimes pour éviter toute propagation d'un besoin de vengeance. Or, l'approche psychanalytique de la culpabilité a mis en évidence, depuis Melanie Klein, un besoin de réparation qui ne doit rien au juridique ni à l'énoncé d'un préjudice objectif. C'est sur la scène fantasmatique qu'interviennent les pulsions réparatrices. Ce sont des projections inconscientes qui poussent chacun à réparer chez l'autre ce qu'il craint d'avoir détruit, pour sauver ce qui est abîmé en lui-même.

Ainsi, on ne parle pas de « demander réparation » à quelqu'un mais de « faire réparation » à quelqu'un. Les fantasmes réparateurs permettent de survivre à la culpabilité inconsciente qui accompagne toute blessure. C'est ainsi que la notion de réparation se trouve au cœur de la psychologie du deuil : réparer permet de sortir de la dépression, de survivre et de revivre. En outre, réparer permet de dépasser le ressentiment et son cortège de vengeance et de représailles.

En fait, qu'elle se pense dans l'espace judiciaire ou dans le champ clinique, la réparation mobilise la pulsion de vie pour lutter contre les forces de mort.

Les forces de mort : la vengeance ou la recherche de dédommagement

Dans l'ordinaire du pardon filial, il n'est pas question de réparation demandée pour cause de dommages, la plupart des reproches ne passent pas par la voie judiciaire. Comment se règlent alors le besoin de punition ou la recherche de dédommagements ? Peut-on penser que ces sentiments n'habitent pas les victimes du fait que les coupables sont les parents ? Ce serait ignorer la force des passions humaines et leur enracinement dans les relations familiales. Tout amour est exigence. Dans les cris ou dans le silence, l'affection filiale blessée hurle sa vengeance. Non, les représailles sont nombreuses, cachées. Elles prennent des formes variées, sont contournées, souvent indirectes. Il ne faut pas mésestimer la force vindicative de celui qui se sent blessé et qui n'a pas de scène pour être entendu.

En fait, si les enfants se vengent, ils le font bien souvent à leur seul détriment. Rappelons-nous ces deux frères adoptés comme on achète « des chiots de luxe », selon l'amère expression de l'un d'eux. Leur histoire situe très précisément le nœud de l'affaire : de façon presque emblématique, ils témoignent du moyen le plus sûr qu'a l'enfant de se venger de son père, à savoir se détruire, priver ainsi son père du fils qu'il a tant voulu avoir. Pour briser le rêve parental qui a annulé son existence, Igor joue son seul bien, sa vie. L'adoption soulignait la force du désir de paternité et de descendance de son parent : c'est donc là qu'Igor frappe. Il sent confusément qu'il n'a pas été adopté pour lui-même mais pour prolonger la lignée. En se détruisant, il réduit à rien le projet parental et rend son adoption inutile.

Tous les enfants n'ont pas la même clairvoyance et ne savent pas toujours précisément où frapper. Ils se contentent de s'en prendre à eux-mêmes pour atteindre leurs parents. Je me souviens de Guillaume : délaissé à sa naissance sans avoir été formellement abandonné, il ne connaît pas ses parents et vit dans une famille d'accueil. Il se promène sur le toit du préau de l'école ou grimpe au faîte des arbres. Agile dans toutes les escalades, il est en revanche très maladroit dans la vie quotidienne, se blesse et se cogne à chaque instant. L'équipe éducative qui se charge de Guillaume ne s'en étonne pas. Il a subi le sadisme rigoureux de ses parents avant d'être placé et il retourne contre lui l'agressivité qu'il ne peut ressentir à leur égard. Il faudra un long et patient travail pour l'aider à dépasser son besoin de détruire sa vie, de la mettre en jeu pour forcer le destin à lui faire signe et à le reconnaître. Son cas n'est pas exceptionnel. L'enfant battu ne battra pas obligatoirement ses enfants, nous en avons déjà parlé. Il se bat souvent lui-même ; il se blesse, il se cogne, il se fait mal, il se détruit. Non seulement il ne reproduit pas les coups ou les brimades, l'abandon et le mépris, mais il ne reproche même pas ces actes à leurs auteurs. Il retourne sa colère contre lui-même. Les parents ne sont pas fautifs, ce ne sont pas de mauvais parents alors que les enfants sont de mauvais enfants. C'est l'histoire de Freud qui recommence : on n'accuse pas ses parents !

Le travail éducatif le confirme tous les jours, les enfants abîmés par la vie s'en prennent souvent à eux-mêmes. De prise de risques en tentative de suicide, ils mettent leur corps et leur vie en danger. Cette mise à mal de leur personne est leur seule arme. Les enfants mal-aimés ou mal-traités sont rarement animés d'un désir conscient de représailles à l'encontre de leurs parents. Ils se punissent eux-mêmes de ne pas avoir été aimés, ils en portent l'entière responsabilité, la totale et infinie culpabilité.

À l'adolescence, ces comportements sont appelés des « ordalies ». Ce sont les conduites à risques, vitesse, prise de toxiques, escalades périlleuses, par lesquelles des jeunes, désespérés, tentent de solliciter le destin en lui posant la question de leur droit à l'existence. En mettant leur vie en danger, ils tentent de savoir si elle a un prix et pour qui. Si ce n'est pour leur parent, pour qui existent-ils ? Dieu, le destin, le hasard sont interpellés. Dans le silence qui suit, c'est souvent la justice des mineurs qui répond, quand ce n'est l'hôpital ou la morgue.

Il faut dire un mot également de ceux qui épargnent leurs parents mais s'en prennent à la société pour se venger des douleurs ou des injustices de leur enfance. L'exemple le plus connu est celui de Richard III, analysé par Freud [1]. Il revendique son droit à la vengeance : « Je puis commettre des injustices parce qu'une injustice a été commise à mon égard », lui fait dire Shakespeare. Il n'est mu par aucune culpabilité apparente, bien au contraire, il clame haut et fort qu'on lui doit tout. Comme lui, certains jeunes délinquants, révoltés contre la société et leur père, tiennent un discours de ressentiment. Ils ont accumulé depuis leur enfance une somme impressionnante de griefs qu'ils mettent en avant pour se dispenser d'obéir aux règles ordinaires de la vie en société. Leur enfance malheureuse leur donnant droit à des dédommagements, ils jugent avoir payé d'avance, et que plus rien ne peut leur être demandé : ils n'ont rien à donner. J'ai montré dans mes travaux sur la délinquance juvénile [2] comment cette position occultait toute capacité d'intégration sociale pour ceux qu'enferme le sentiment, souvent justifié, d'être les victimes d'une société qui ne les reconnaît pas et ne leur donne aucune place. Pour prendre leur vie en main, il leur faudra, en dépit des carences en tout genre qu'ils ont subies, décider

---

1. Sigmund Freud, « Quelques types de caractère dégagés par la psychanalyse », *in Essais de psychanalyse appliquée*, trad. M. Bonaparte, Gallimard, coll. « Idées », 1975, p. 105.
2. Maryse Vaillant, *De la dette au don*, ESF, 1994, p. 157.

d'assumer leurs responsabilités, y compris celles de leurs actes délictueux [1]. Pour devenir adultes, il leur faudra sortir de la révolte et du ressentiment, et entrer dans l'échange social, en répondant de leurs actes, en s'ouvrant à la réalité humaine de la douleur et des torts qu'ils causent. C'est ainsi que la mesure de réparation pénale [2] leur rappelle quelque chose d'important : le malheur ne donne aucun droit. Les préjudices qu'ils ont subis ne peuvent les autoriser à transgresser la loi ou à léser les autres. La douleur n'autorise pas à faire souffrir.

Ainsi en est-il de la relation filiale. Il est presque impossible aux enfants de se retourner contre les parents. Ils n'ont que deux issues : projeter leur guerre sur l'extérieur et les autres, ou l'engager contre eux-mêmes. En fait, qu'ils se sentent coupables de l'offense qu'ils ont subie ou qu'ils s'identifient à leurs agresseurs, c'est à eux-mêmes qu'ils s'en prennent. Ils se font payer le prix fort de la rage qu'ils ne peuvent renvoyer sur leurs parents. Seule la réparation peut desserrer ce garrot et donner une alternative à la haine filiale et à ses curieux effets.

Les forces de vie : les pulsions réparatrices

La clinique psychologique et psychanalytique considère la réparation comme l'un des processus

1. Maryse Vaillant, *La Réparation. De la délinquance à la découverte de la responsabilité,* Gallimard, coll. « Sur le champ », 1999, p. 43.
2. Mesure judiciaire pénale qui permet aux juges, depuis 1993, d'ordonner une procédure de réparation : le jeune est engagé à réparer les torts qu'il a causés à la victime ou à la société.

inconscients les plus féconds. Processus de maturation ordinaire que chacun traverse au début de l'existence et sollicite toute sa vie, la réparation est ce qui permet de sortir de la dépression. On ne sort de la vindicte et du ressentiment, comme de l'effondrement dépressif et du deuil, qu'en faisant réparation à quelqu'un.

Au tout début de la vie, c'est la mère que les pulsions de l'enfant réparent, car c'est à elle qu'elles s'attaquent. En fait, à cet âge tendre, la mère, pour l'enfant, est tout son univers. À peine vient-il de sortir du chaos initial et perçoit-il quelques-unes des clés du monde qu'il découvre que son aimée n'est pas parfaite : elle le quitte, s'éloigne, va et vient. La traîtresse n'est même pas fidèle, elle a déjà quelqu'un dans sa vie ! Cette découverte fondamentale lui fera le plus grand bien. Il fondera sur elle son œdipe, apprendra à vivre avec le manque, à parler pour exprimer sa frustration, et à marcher pour explorer le monde. En attendant, pendant la première année, le bébé connaît l'alternance de béatitude et de manque, d'amour et de rage. La rage le pousse à détruire l'objet qui le prive ; l'amour lui permet de le reconstruire. En effet, sans sa mère, que deviendrait-il ? « Il aspire alors à réparer le dommage que, dans son fantasme omnipotent, il a causé, à reconstituer et à récupérer ses objets d'amour perdus [1]. » C'est pour survivre que l'enfant va réparer. Pour faire face à la crainte et à la souffrance d'avoir endommagé l'objet maternel, autant interne qu'externe, il va s'efforcer de restaurer un bon objet, il va imaginer cet objet réparé et l'aimer.

---

1. Hanna Segal, *Introduction à l'œuvre de Melanie Klein*, PUF, 1983, p. 87.

L'introduction des fantasmes réparateurs dans la théorie analytique vient très justement répondre au travail de Freud sur la pulsion de mort, sur le conflit entre la destructivité du nourrisson et son amour et sur le travail de deuil. Avec Melanie Klein, écrit Julia Kristeva dans un ouvrage consacré au génie féminin, l'accent est mis sur l'aspect créatif de la position dépressive : « Si le moi est capable de réparer l'objet perdu, il peut s'engager dans une œuvre créatrice qui contient la douleur et tout le travail de deuil, au bénéfice de l'engendrement du symbole [1]. » Ce n'est qu'une fois l'objet reconstruit par la force de ses fantasmes que l'enfant développera une bonne confiance en lui. Il puisera dans ce trésor, chaque fois qu'il rencontrera une épreuve, un deuil ou un échec. Il saura qu'il peut survivre au déchaînement de sa rage, qu'il peut abolir les méfaits de ses agressions. Il sera convaincu que son amour est plus fort que sa haine, plus fort que sa puissance de destruction.

Aux fantasmes premiers qui accompagnent cris et larmes puis à ceux qui vont habiter les sourires, babils et gazouillis vont se substituer des gestes, des actes. Plus grand, l'enfant offrira un dessin à sa mère pour se faire pardonner sa colère ; il se racontera des histoires dans lesquelles il est fort et gentil, généreux, admiré. Il sauve des princesses menacées, aide des chevaliers perdus, rapporte trésors et potions magiques. Adulte, il surmontera les petites difficultés et les grandes épreuves en mobilisant son énergie pour changer les choses, pour agir sur le cours de sa vie et pour être acteur dans le monde. Peut-être vou-

1. Julia Kristeva, *Le Génie féminin, Melanie Klein*, Fayard, 2000, p. 129.

dra-t-il faire réparation aux autres en leur apportant aide, réconfort, sollicitude. Les métiers de la justice, du social et du soin lui en fourniront l'occasion. Les travaux de Marie-Thérèse Mazerol et de Joseph Villier l'avaient montré dans les années 1970 lorsqu'ils analysèrent les tests projectifs des éducateurs postulant auprès de l'Éducation surveillée [1] ; ceux de Catherine Blatier [2] l'ont confirmé dans les années 1990, qui enquêtaient chez les praticiens de la justice des mineurs : le monde de l'éducation spécialisée est fortement imprégné de fantasmes réparateurs à l'attention des jeunes pris en charge. Ma pratique clinique personnelle en supervision, groupes de parole et groupes de formation le confirme : chez les assistantes maternelles travaillant en placement familial, chez les infirmières et aides-soignantes œuvrant dans le cadre de l'hospitalisation à domicile, chez les éducateurs exerçant auprès d'enfants et d'adolescents en grande difficulté, on retrouve, clairement énoncées, des motivations réparatrices. Beaucoup les formulent avec vigueur : ils ont entrepris ce métier pour que d'autres ne souffrent pas de ce dont ils ont souffert. Ils veulent faire réparation à d'autres pour apaiser ce qui souffre encore en eux.

La réparation peut passer par d'autres voies. Toute la créativité personnelle est mobilisée pour prospecter les domaines relationnel, affectif ou artistique qui

---

1. Marie-Thérèse Mazerol et Joseph Villier, « Le métier d'éducateur, un métier symptôme », *in Annales de Vaucresson*, 1980.
2. Catherine Blatier, « Le rôle des fantasmes de réparation dans la justice des mineurs », thèse de psychologie clinique, non publiée, Grenoble, 1994.

permettent de réparer le monde. L'entraide, la solidarité, mais aussi la création, l'art, tout comme le bricolage, permettent de réparer et de survivre. Réparer, c'est reconstruire le monde que notre propre violence détruit, pour ne pas sombrer avec lui. C'est concevoir et modeler un monde possible.

L'exemple de Yasmina montre comment une victime de violences en arrive à supporter sa haine et son ressentiment, tant elle a le souci de ne pas poursuivre l'entreprise de destruction dont elle a fait l'objet. « Si je pardonne à mon père, c'est par l'intermédiaire des chiens. À chaque pauvre chien qui arrive au chenil les pattes cassées, le cou cisaillé par un fil de fer, affamé, craintif, je me revois quand j'étais petite. Je pense aux coups que j'ai pris. Au début, la colère me faisait tourner la tête, je m'évanouissais même parfois. J'étais étranglée de colère. Dans les yeux de ces bêtes, je vois toute l'incompréhension du monde : ils ne peuvent pas imaginer les atrocités que les hommes font subir à leurs enfants, ni pourquoi ils s'en prennent aux chiens. » Au chenil, Yasmina se répare en faisant réparation à des animaux, dans lesquels elle se reconnaît, des cruautés que des hommes comme son père leur ont fait subir. L'aide et les soins qu'elle apporte aux chiens lui permettent de ne pas être anéantie par la violence de son ressentiment. Elle apporte aux chiens le réconfort dont elle a besoin pour survivre à son enfance, à la violence qu'elle a subie et à la violence en retour qui la fait défaillir de haine. Les fantasmes réparateurs lui donnent cette force. Pour elle, comme pour tous ceux qui doivent surmonter une épreuve, réparer rassure sur le monde. Certes, il est destruction et douleur, mais il est aussi création et bonheur. En aidant les chiens, en soignant les blessés, en accompagnant les mourants, en accueillant des enfants, celui qui a souffert change le monde. Il dépasse sa haine et sa peur, transformant son énergie en force de vie : c'est dans cette force qu'il trouvera la possibilité de pardonner.

Un mouvement intime de réconciliation

Pardonner, c'est être capable d'une pensée ou d'un geste de paix à l'égard du coupable. Dans le pardon filial reste nécessaire le mouvement intime de réconciliation, si ce n'est directement avec le parent en question, du moins avec son souvenir. Ce mouvement intime repose sur un mécanisme psychique tout aussi essentiel que la réparation : la capacité de sollicitude. C'est elle qui permet à la réparation de mener au pardon.

Théorisée par Winnicott, la notion de sollicitude – en anglais *concern* [1] – supporte assez mal ses traductions françaises. Culpabilité, inquiétude, compassion.. Derrière ces mots chargés des lourds affects que nos religions judéo-chrétiennes nous ont appris à craindre, il s'agit, pour Winnicott, de la simple et tendre capacité à se sentir concerné par l'autre. Rien de plus, rien de moins. Ni préoccupé, ni ému, juste concerné par l'autre, par son existence, sa réalité, ses émois, sa densité. À partir de cette ouverture à l'existence de l'autre et à ses émotions, toute l'aventure humaine prend consistance. Cette découverte se produit, comme pour les fantasmes de réparation, pen-

1. D.W. Winnicott, « Élaboration de la capacité de sollicitude », *in Processus de maturation chez l'enfant*, trad. J. Kalmanovich, coll. « Petite Bibliothèque Payot », Payot, 1978, p. 31.

dant la première enfance, au moment où l'enfant pressent qu'en attaquant sa mère de ses pulsions agressives il peut la détruire et la perdre. Winnicott dit qu'il passe alors par le « stade de l'inquiétude », où domine le souci de l'autre, où se développe sa capacité de sollicitude ou de compassion. Là où Melanie Klein insiste sur l'égoïsme de la pulsion réparatrice – réparer le monde pour ne pas sombrer avec lui –, Winnicott met en évidence le souci de l'autre : la mère dans un premier temps, puis l'entourage proche. Ces deux visions, moins divergentes qu'elles ne paraissent – le souci de soi et celui de l'autre permettant en l'occurrence la survie et la vie partagée –, nous aident à mieux comprendre la démarche de celui qui répare et comment la réparation peut le mener au pardon.

En effet, pour se sentir concerné par l'autre, il faut pouvoir le réparer. Si les sentiments de peur et de haine dominent la relation, il n'y a aucune empathie, aucune compassion ni pour celui qui souffre ni pour celui qui fait souffrir. Tant que Yasmina n'a pas éprouvé ses capacités de réparation auprès des chiens, elle défaille sous la haine. Elle s'humanise en les soignant. Si elle était impuissante à leur porter secours, elle ne pourrait supporter de s'identifier à eux. De même, si elle parvient à pardonner à son père, c'est qu'elle ressent de la compassion pour une figure d'elle-même qu'elle peut aimer.

Traverser le ressentiment pour en arriver au pardon en passant par la compassion est la démarche qu'a entreprise Tina, qui fut violée par son père lorsqu'elle était enfant. Aujourd'hui, elle accompagne des mourants, leur offrant le réconfort qu'elle-même n'a pas eu et dont elle pense que son père sera privé.

« Chaque fois que je suis au chevet d'une personne qui va mourir, je me dis : et si c'était mon père ? Si mon père meurt abandonné de sa famille, quelqu'un sera-t-il là pour le veiller ? » Elle ne peut pardonner qu'à ce prix : en faisant réparation à d'autres de ce qui a été abîmé en elle. Elle ne souhaite ni retrouvailles ni réconciliation. En soignant des malades et des mourants, Tina soigne son père et son enfance, elle répare son père et son enfance. Beaucoup de travailleurs sociaux, de membres du personnel hospitalier, de militants d'associations caritatives se retrouveront dans la figure de Tina. Ils surmontent leurs blessures anciennes, infantiles, familiales, grâce à leur métier, à leurs activités au profit des autres. C'est en usant quotidiennement leur douleur qu'ils réussissent à survivre à leurs traumatismes et carences d'enfance. Parmi les motivations de ceux qui travaillent à soulager les autres, bien souvent on découvre une nécessité : on ne peut se survivre à soi-même qu'en accordant son attention à d'autres. La sollicitude puise dans la capacité d'être concerné par l'autre la force de le réparer. Celui qui répare partage suffisamment la peine de l'autre pour vouloir y remédier. Il sent qu'il est au cœur du tourment de celui qui souffre et qu'il peut lui apporter une forme d'apaisement.

Un exemple de pardon qui passe par la sollicitude nous est donné par la chanteuse Barbara. Elle a été abusée sexuellement par son père pendant son enfance, et a pu dépasser l'emprise du traumatisme et construire la vie qu'elle aimait. Chanter lui a donné la force de se nourrir des bonheurs de sa vie, pour traverser et dépasser les moments de désespoir. Elle l'écrira, dans ses Mémoires, après la mort de son père. Il avait coupé tout contact avec sa famille et était devenu clochard à Nantes. Un jour, elle reçoit un appel téléphonique lui annonçant qu'il est au plus mal. Arrivée à son chevet, elle apprend qu'il vient de mourir : « Je regarde mon père, que je n'ai pas vu depuis dix ans. Je m'en veux d'être arrivée trop tard. J'oublie tout le mal qu'il m'a fait, et mon plus grand désespoir sera de ne pas avoir pu dire à ce père que j'ai tant détesté : " Je te pardonne, tu peux dormir tranquille. Je m'en suis sortie, puisque je chante " [1]. » On peut être surpris de voir Barbara, pleine de son pardon, apaiser son père en le tranquillisant sur elle-même. Son pardon de fille ne consiste pas à remettre les fautes de son père, mais à le consoler. Tout se passe comme si elle pressentait la douleur de son père et voulait tempérer ses remords. Son pardon, empreint de sollicitude, est une réparation.

Le don et la dette

Même si le pardon filial ne correspond pas tout à fait aux critères du pardon philosophique, juridique ou religieux, il reste un don. Loin de n'être qu'une figure de la générosité, le don est un phénomène social et culturel organisateur des groupes humains.

Depuis les travaux de Marcel Mauss sur le *potlatch* amérindien [2], nous avons appris à reconnaître dans le don non seulement un système d'échange, mais aussi un phénomène social général, à l'œuvre dans

1. Cité par Paul Bouvier, « Abus sexuel et résilience », *in Souffrir mais se construire*, Erès, coll. « Fondation pour l'enfance », 1999, p. 125.
2. Marcel Mauss, « Essai sur le don », *in Sociologie et Anthropologie*, PUF, 1966, p. 145.

tout échange humain et qui concerne beaucoup de nos relations sociales actuelles. Le don implique une triple obligation : donner, recevoir et rendre. La structure de nos sociétés a érodé la force contraignante de ces échanges imposés, qui assuraient la pérennité du groupe social en assignant à chacun une place économique et symbolique. Néanmoins, des séquelles nous en restent, comme la tournée ou l'invitation à dîner, qui rappellent combien cette logique régit, implicitement, de nombreux modes relationnels.

Depuis des années, Marie-Thérèse et Francette se reçoivent pour le thé. Au début, c'était un simple geste de bon voisinage. Leurs maisons étant voisines, elles partageaient le souci d'une haie mitoyenne et du ramassage des feuilles des deux peupliers du propriétaire voisin. Aujourd'hui, c'est devenu un véritable rituel. À son fils qui s'étonne que Marie-Thérèse, fine cuisinière et hôtesse appréciée, n'invite jamais sa voisine à partager un repas, elle répond : « J'aime trop Francette et j'apprécie trop notre voisinage pour déséquilibrer notre relation. Vois-tu, si je l'invite à dîner, je risque de la mettre dans une position difficile. Elle vit seule, avec un budget limité. Ici, la maison tourne, tu amènes toujours des copains, ton père invite des collègues. Je ne veux pas gâcher ma relation avec Francette en lui infligeant une invitation qu'elle ne pourrait pas rendre. » Ce que savent les deux voisines, c'est que celui qui accepte une invitation doit pouvoir la rendre s'il ne veut pas devenir le débiteur de son hôte, passer pour un ingrat ou être exclu du cercle social qui l'a invité. Celui qui reçoit un présent sait qu'il devra en faire un en retour pour conserver son autonomie, ou se charger du poids d'une inconfortable gratitude.

Percevoir ce qu'est le don conduit à le dégager d'emblée du leurre de gratuité ou d'oblativité qui l'entoure. Comprendre l'économie générale de la plupart des dons, même les plus généreux, permet d'isoler la part du don qui appartient au pardon, surtout lorsqu'il s'agit du pardon filial. Car si le pardon est un don, il vient s'inscrire dans une logique d'échange où circulent nécessairement reproche et indulgence. C'est tout ce qui fait la trame du pardon : le rapport à la faute, à l'aveu, à la rémission ou à la vengeance. Le don n'est pas un cadeau, c'est un échange. Dans quel type d'échange le pardon filial s'inscrit-il alors ?

Tout don est échange

La clairvoyance de Marie-Thérèse nous rappelle ce qu'un don implique dans l'équilibre des relations. « Le don crée entre le donateur et le donataire une circulation de la dette imprimant une nouvelle économie libidinale entre les deux sujets ; donner et prêter implique donc l'attente d'un retour [1]. »

Ainsi, celui qui croit le don libre de tout retour en occulte la puissance relationnelle et l'emprise. Bien au contraire, donner, tout autant que prêter, implique l'attente d'un retour ; si ce n'est le retour du présent, celui d'un équivalent symbolique, telles la gratitude, la reconnaissance, l'admiration, etc. Ne pas en tenir compte peut envenimer ou complexifier des relations, les charger d'incompréhension, de tensions, d'attentes frustrées, générer de la discorde, de la vio-

---

1. Éric Toubiana, « Transmission, donation, séduction », *in Mémoires, transferts*, dirigé par P. Fédida, J. Guyotat, Écho-Centurion, 1986, p. 144.

lence. Tout donné veut être reçu ; tout donné attend un rendu. Refuser l'offrande, repousser le cadeau ou ne pas rendre de contrepartie peut être vécu comme une offense, voire une provocation.

Rien de tel dans le rapport aux parents : les enfants ne doivent pas « rendre » la vie transmise par les parents. Bien au contraire, en devenant parents, ces derniers se sont chargés de la responsabilité d'éducation qui va de pair avec la naissance d'un enfant. La fonction parentale, nous l'avons vu, est une fonction de renoncement personnel : un don sans attente de retour. La dette de l'enfant ne consiste donc jamais à rendre à ses parents le don de vie reçu avec l'existence. Il remboursera sa dette en donnant ailleurs. Il paiera sa dette de vie à la société qui l'accueille, aux générations futures. Se construira ainsi le lien d'humanité qui noue la chaîne générationnelle au lien social. C'est la dette humaine qui fait de l'éducation d'un enfant une fonction sociale. De même qu'on n'élève pas ses enfants pour soi-même ni pour réaliser ses propres rêves infantiles, on ne devient pas parent pour s'assurer une descendance. Ceux qui l'ont oublié inscrivent leurs enfants dans une dette névrotique, paradoxale, qui leur ôte toute liberté intime. Enfermé dans sa dette, l'enfant ne peut s'autoriser ni réquisitoire, ni inventaire, ni pardon.

S'acquitter de la dette familiale

La force du *potlatch* réside dans la contrainte qui agit sur chacun : obligé de donner, de recevoir et de rendre, nul ne peut échapper à la logique du système s'il veut faire partie de la communauté humaine. Nous devons rendre ce que nous recevons : cadeaux et poisons, tout doit circuler. C'est la loi commune, celle qui nous fait nous interroger sur la façon dont certains enfants réussissent à sortir de l'équation impossible : rendre ce qu'ils ont reçu sans s'enfermer dans la vengeance ou les dettes abjectes.

Celui qui ne peut humaniser sa dette filiale est écrasé par son poids. N'est-ce pas la terrible expérience que fait Pierre-Marc, debout, tout seul, devant la statue du commandeur ? « Je n'aurai jamais de paix », dit-il en évoquant son père. Pierre-Marc, révolté, part de la maison et ne donne plus de ses nouvelles pendant un an et demi. Le jour où il revient, il apprend que son père vient d'être enterré. La question du pardon se double pour lui d'une culpabilité dont il ne peut se libérer : « J'ai une dette imprescriptible, une dette permanente. Jamais je ne me pardonnerai de ne pas avoir été là quand il est mort. J'ai beau savoir que j'étais au cœur de ma vie à ce moment-là, je suis pris dans une attente impossible : je ne peux jamais savoir si ce que je fais est bien. » Pierre-Marc formule une des injonctions paradoxales les plus fortes qui pèsent sur un fils : « Sois toi-même, pour être comme moi. » La confrontation directe avec les exigences de son père est rendue d'autant plus âpre que celui-ci est mort alors que Pierre-Marc essayait justement d'être lui-même. Arrivé trop tard pour montrer à son père ce qu'il est devenu, il tourne en rond, tentant de rendre à celui-ci ce qu'il doit donner à d'autres. Dans la plénitude de sa vie adulte, cet homme souffre d'un désir de don, en retour, qui rend son pardon impossible. Comment rendre à ceux qui ne sont plus si ce n'est en donnant à ceux qui sont ? Pierre-Marc en est d'autant plus conscient qu'il travaille dans le monde de l'éducation spécialisée. En fait, plus qu'un don qu'il voudrait faire à son père, son pardon est une demande à lui adressée. Une attente de pardon qui nous rappelle que le pardon qu'on donne et le pardon qu'on attend sont très proches.

Ce que les parents donnent ne leur revient pas. Quand les places symboliques sont bien tenues, aucun doute là-dessus. Celui qui reçoit est libre de faire ce qu'il veut de ce don. Sa seule obligation, et elle est de taille, est d'en faire quelque chose. C'est sa dette humaine. Chacun doit répondre de la dette que la transmission de la vie impose à tous. Génération après génération, fils comblé ou déshérité, fille dotée ou désavantagée, chacun porte le poids d'une succession qu'il mettra peut-être toute sa vie à accepter. Sous bénéfice d'un inventaire lui permettant de reconnaître les legs et les dons, les dettes et les charges, il pourra transmettre à son tour. Pour s'acquitter de sa dette générationnelle, chacun doit la faire travailler, la mettre en circulation dans l'échange, dans le partage avec les pairs. C'est ce que nous indique Freud, dans *Totem et Tabou*, lorsqu'il s'interroge sur la transmission générationnelle des états psychiques : « Ce que tu as hérité de tes pères, acquiers-le pour le posséder [1]. » Sans cette appropriation, qui ne serait écrasé par la charge du legs parental ?

Faire travailler son héritage, c'est s'acquitter de sa dette filiale. Cette dette se chargera et se déchargera

1. Sigmund Freud, *Totem et Tabou* (1913), trad. V Jankélévitch, coll. « Petite Bibliothèque Payot », Payot, 1970, p. 181.

dans les transactions imposées d'un échange social et culturel où chacun prend sa place, la gagne, la perd et la reconquiert. Acquérir son héritage, c'est mettre dans le partage et dans l'échange ce qu'on a hérité et qu'on ne peut jamais rendre. Celui qui a reçu, avec l'existence, un bon lot d'horreurs et d'infamies n'est pas exonéré d'avoir à faire circuler le don pour s'acquitter de sa dette. Encore faut-il qu'il puisse se dégager de quelques dettes indues.

Les dettes indues

Certaines personnes sont convaincues par l'éducation qu'on leur a donnée qu'une dette de reconnaissance pèse sur eux : elles sont dressées à la gratitude. Ferdinand nous le démontre avec une lucidité amère, tout en nous contant l'histoire de sa femme, Iseult, véritablement dressée à la gratitude pendant toute son enfance en même temps qu'elle était rejetée et blessée. Avec patience et cruauté, sa mère lui a fait comprendre qu'elle était redevable de l'éducation qu'elle avait reçue. Elle a ensuite exploité sa reconnaissance, lui rappelant sans cesse qu'elle avait une dette, une obligation morale. « C'est pourquoi ma femme a voulu faire son devoir. Elle s'est occupée de sa mère et de son beau-père jusqu'au bout. Et moi, je l'ai suivie. J'ai sacrifié les dix premières années de ma retraite, alors que j'étais en pleine forme, pour remplir le devoir filial que ma femme se croyait tenue de remplir. » Ferdinand, clairvoyant mais solidaire, suit sa femme, et s'efforce de combler l'avidité d'une belle-mère qui sait profiter de la situation. « Et pourtant, soupire-t-il, les enfants ne remboursent-ils pas leur dette de vie à leurs parents par leur premier sourire, leur babil, les petites joies quotidiennes ? »

Pour prendre avec dignité sa place dans la communauté des hommes, chacun doit s'acquitter de sa dette familiale dans l'échange social. Ce n'est pas en dressant un enfant à la gratitude qu'on le rend digne mais en lui offrant les moyens de donner à son tour. Pour devenir grand, il lui faudra bien, un jour ou l'autre, occuper sa place dans sa lignée, assumer et dépasser les drames et les tragédies familiales qui ont assombri son enfance et le passé de ses parents. Pas plus que la révolte, la soumission ne le fera grandir. Il n'est ni un coupable ni une victime mais un acteur de son existence, un acteur capable de la transformer.

Autrement dit, si passer par la révolte et le ressentiment est nécessaire pour se dégager de l'emprise familiale, s'y complaire est dangereux. Se reconnaître dans un rôle de victime et y fixer son identité et sa raison de vivre peut occulter toute liberté intime et contraindre celui qui s'y soumet à de paradoxales répétitions. Nous en avons vu une forme sourde pousser l'enfant victime à se meurtrir et à répéter inlassablement sur lui-même les sévices qu'il a endurés. La délinquance fait aussi partie des sévices qu'on s'inflige. Dans ces deux types de situations, l'enfant ne peut sortir de l'engrenage que s'il trouve appui auprès d'adultes qui l'aident à dépasser son ressentiment, à assumer sa filiation et à recycler sa rage. Les professionnels de l'enfance et de la justice des mineurs, en aidant les parents à reprendre leur place symbolique, permettent aux enfants de se situer eux-mêmes dans la chaîne générationnelle. En effet, quoi qu'il ait subi de leur fait, qu'il pardonne ou qu'il s'y refuse, tout fils ou toute fille doit savoir ce qu'il doit à ses parents, pour s'en libérer. C'est en ne niant pas sa dette familiale qu'on peut la dépasser, s'ouvrir au don et que l'on parvient à la liberté.

Inventer son pardon

Le pardon aux parents n'est pas un pardon ordinaire. Quand bien même la notion de pardon ordinaire existerait, elle ne pourrait s'appliquer à l'aventure singulière du fils qui absout son père sans s'autoriser à le juger, renonce à une vengeance qu'il ne pourrait pas exercer, se souvient pour pouvoir oublier, oublie pour se remémorer. Oscillant entre les nécessités de l'ombre et celles de la lumière, le besoin de clémence et le désir d'intransigeance se mêlent et se succèdent. Lorsqu'ils se stabilisent et prennent la forme d'un pardon, c'est qu'ils ont trouvé leur place dans la pensée et dans la vie de celui que tourmentait cette question. Le pardon qui vient n'est peut-être pas celui qui était attendu ; il peut même surgir à l'improviste, mais, qu'il s'accorde difficilement, après un long chemin de doute, ou dans la fulgurance d'une révélation, qu'il s'arrache aux ressentiments ou s'octroie dans la douceur, il ne naît jamais du néant, il est toujours le fruit d'une quête intime.

Après l'exploration des temps du pardon, voici celle des lieux psychiques dans lesquels il s'élabore, entre doute et solitude. Jardins publics, pensées paradoxales, jeux et rêveries intimes, gestes et actions incongrus, tous les détours peuvent mener au pardon.

Lieux et scènes du pardon

Le cimetière représente le cadre nécessaire, suffisamment adapté et décalé, pour reprendre contact avec quelques-uns de ses morts. C'est là que se bricole parfois le pardon impossible à des parents disparus et enterrés ailleurs. Tout cimetière semble d'ailleurs naturellement voué à la poursuite d'une causerie avec les défunts. Avec les siens. Terre de repos pour les disparus, c'est aussi un lieu d'apaisement pour les vivants. Il sert d'intermédiaire entre eux, entre le temps qui passe et les souvenirs qui restent. La dernière demeure, fixée pour l'éternité, ou pour une certaine perpétuité, permet à la fois la mémoire et l'oubli, confirmant aux vivants la permanence des défunts dans la mort.

Cependant, marcher le long de tombes – illustres peut-être, mais inconnues – sans s'y arrêter, sans les fleurir ou s'y recueillir, rôder dans les allées sans une pensée précise pour les défunts locaux, laisser aller ses souvenirs et sa mémoire vers d'autres morts, vers d'autres vies, c'est traiter le cimetière d'une façon irrévérencieuse, quasi buissonnière. C'est l'utiliser pour soi, le détourner légèrement de son usage traditionnel, l'habiter et l'occuper à sa manière. C'est se doter d'une aire de jeu pour créer, progressivement, l'espace et le temps du deuil, le chemin du pardon. Véritable détournement d'espace public pour un pardon privé, la balade au cimetière n'est qu'un exemple des ruses que conçoit tout un chacun pour trouver le chemin de son pardon. D'autres passent par l'écriture, le chant ou la peinture, le témoignage, l'étude ou la foi.

Anatole, lui, a choisi la piste solitaire de l'écriture. Il avait entrepris de coucher son histoire sur le papier pour ses petits-enfants. Ce faisant, il buta sur son incapacité à relater le drame de son père, contraint par sa famille à faire des études d'ingénieur, alors qu'il rêvait de théâtre. Surpris de constater qu'un épisode aussi anodin bloquait sa plume, Anatole se rendit compte que ce qui lui résistait concernait moins son père que lui-même : « En fait, moi aussi je voulais monter sur les planches, quand j'étais jeune. Je l'avais oublié, totalement. Je crois que je tiens enfin l'origine du vieux malentendu qui traîne entre mon père et moi et que nous n'avons jamais pu élucider. C'est extraordinaire. J'ai ressenti une bouffée de compassion à l'égard de mon vieux père qui m'a bien étonné. J'en suis encore ému. Je crois que je lui ai pardonné, instantanément, en comprenant combien je lui en avais voulu de ne pas m'avoir libéré de la contrainte qui avait pesé sur lui. » Ce témoignage nous montre un fils qui rencontre le pardon qu'il peut accorder à son père au détour d'une réflexion sur lui-même, sur la vie, la mort... Au moment d'écrire l'histoire qu'il veut transmettre, Anatole rencontre une nécessité : faire la paix avec son passé.

Les rivages intimes du pardon : l'espace transitionnel

Qu'il se fasse dans la solitude la plus noire ou dans la sollicitude familiale, le travail psychique qui mène à l'acceptation, à l'apaisement et au pardon a besoin d'un temps et d'un espace personnel pour se déployer. D. W. Winnicott appelle ce lieu psychique l'« aire du jeu », l'« espace transitionnel ». Il parle également d'« espace potentiel », d'« aire » ou d'« expérience culturelle » pour rendre compte du processus de créativité qui rend l'existence humaine non seulement supportable mais parfois réellement magique. L'expérience qui se cache derrière ces formules est ce qui permet le pardon, comme le deuil, comme la réparation et la sollicitude : une expérience humaine d'apaisement créatif.

Pour comprendre ces notions, il faut repenser à l'enfant qui joue. Il habite, nous dit Winnicott, un espace psychique bien à lui, qui n'est ni la réalité interne ni le monde externe, mais un espace intermédiaire où il « rassemble des objets ou des phénomènes appartenant à la réalité extérieure et les utilise en les mettant au service de ce qu'il a pu prélever de la réalité interne et personnelle [1] ». À partir de cet espace psychique bien à lui, protégé par sa confiance dans sa mère, l'enfant va rêver le monde, et sa capacité à le rêver lui permettra d'apprendre à le déchiffrer et à agir sur lui. Le processus de création du monde se poursuit dans la vie des adultes qui y veillent : « L'expérience culturelle commence avec le jeu et conduit à tout ce qui fait l'héritage de l'homme : les arts, les mythes historiques, la lente progression de la pensée philosophique et les mystères des mathématiques, des institutions sociales et de la religion [2]. » L'expérience dont nous parle Winnicott est celle qui permet aux fantasmes de réparation d'agir sur le monde en le transformant mentalement et, en conséquence, réellement. Celui qui peut affronter sa rage et son sentiment d'injustice et tenter de faire réparation à quelqu'un, même s'il se sent meurtri lui-même, habite cet espace psychique créatif et constructif qui lui donne droit de cité.

L'espace transitionnel, c'est le temps d'un geste, d'un projet, une pensée tâtonnante et créative qui cherche la lumière, qui s'autorise à affronter ses propres ténèbres, qui ose la colère et la lucidité. C'est

1. D.W. Winnicott, « Objets transitionnels et phénomènes transitionnels », trad. C. Monod et J.-B. Pontalis, *in Jeu et Réalité, l'espace potentiel*, Gallimard, coll. « Connaissance de l'inconscient », 1980, p. 7.
2. D.W. Winnicott, « Le concept d'individu sain », *in* « Winnicott », revue *L'Arc* n° 69, Duponchelle, 1990, p. 24.

le temps du deuil : celui qui peut pleurer ses morts paisiblement, sans fuir le chagrin et sans y installer sa raison de vivre, promène sa peine dans un monde de rêveries et de souvenirs qui n'appartient qu'à lui, où il peut élaborer un deuil qui lui ressemble. Comme l'enfant qui joue seul en présence de sa mère s'installe confortablement dans un espace bien protégé où il peut s'amuser à détruire le monde et à le recréer, celui qui élabore son deuil et aussi son pardon pense, rêve et se souvient dans un monde personnel, dont il règle la mise au point. Rivage intime de notre vie, l'espace transitionnel se visite sans aucun déplacement apparent, s'écoute comme la petite musique qui n'appartient qu'à chacun. D'ailleurs, tout le monde a fait sa connaissance : sa version initiale est familière, c'est le doudou, poupée molle ou chiffon par lesquels le tout-petit retrouve une odeur qui lui permet d'affronter la vie. Se balader en rêvant dans un cimetière inconnu, se remémorer un souvenir oublié, c'est comme renifler le doudou, prendre un raccourci entre la réalité extérieure et le monde inconscient. On prend l'espace transitionnel, doudou ou rêverie, comme on prendrait n'importe quel véhicule, tapis magique, lampe merveilleuse, carrosse ou balai, pour voyager dans l'au-delà et en revenir apaisé.

Ainsi, Irène m'a confié qu'elle s'était lancée dans le pèlerinage de Compostelle sans autre projet que de chercher un peu de paix personnelle. À son retour, elle s'est rendu compte qu'elle avait fait tout le chemin en pensant à sa mère, avec laquelle elle était fâchée depuis cinq ans : « C'est peut-être parce que je viens d'apprendre que ma fille est enceinte. Je croyais me préparer à être grand-mère et, en fait, j'ai pardonné à ma mère ! » Le pardon d'Irène est arrivé, comme par inadvertance, alors qu'elle avait entrepris une longue conversation avec elle-même. Il ressemble à celui de Rosamonde, dont le témoignage ouvre le chapitre. Partie marcher seule dans l'Aubrac pour démêler les fils embrouillés et douloureux d'un pardon qu'elle cherchait mais qui lui semblait impossible, c'est au retour de sa randonnée qu'elle sut trouver les mots pour écrire à son père. Son pardon a été rendu possible par le détour d'une marche solitaire.

Qu'en penser ? Le pardon pourrait-il surgir aussi facilement, dans une balade entre l'Aubrac et Compostelle ? Je ne crois pas qu'il suffise d'écrire, de marcher, pour pardonner. En revanche, je crois que le pardon peut se déployer si on lui laisse le champ libre à partir du moment où le travail de deuil, réquisitoire et inventaire, a été entrepris. Le pardon peut tout à fait venir occuper l'espace transitionnel d'une pensée qui apprend à redécouvrir la liberté.

Dans un repli du temps : la jachère

Brigitte a nettoyé sa maison de fond en comble. Elle a tout lessivé, rideaux et parquets, repeint les radiateurs, démonté les étagères, poncé l'escalier. Pendant un mois, cet été-là, on la vit s'activant, un tournevis ou une serpillière à la main. Les joues rouges, les cheveux attachés, les dents serrées, elle ne parlait pas et bricolait ou briquait du matin au soir. Elle voulait être prête pour le mariage de sa fille, prête à pardonner à sa mère, qui s'éteignait dans une maison de retraite où elle refusait d'aller la voir. « Le lendemain de la cérémonie, j'y suis allée. Je lui ai dit : " Je te pardonne, maman. " Deux jours après, elle était morte. Je crois qu'elle avait attendu mon pardon pour partir. Je suis heureuse d'avoir pu la libérer. Il m'a fallu du temps et beaucoup de force... »

On peut préparer son pardon au cours d'un pèlerinage ou en nettoyant son jardin comme on peut faire ses comptes familiaux en faisant la vaisselle ou en taillant les rosiers. Certains pleurent à bicyclette ou en jouant de la guitare. Dans le geste, dans l'exercice, en marge de l'occupation principale, quelque chose de très personnel s'expérimente et s'élabore. Pendant que les mains brodent ou bricolent, que les pieds pédalent, dans l'espace intime dégagé par l'activité avance un travail de mémoire et de deuil qui peut mener au pardon.

L'esprit prend le temps d'un inventaire : admonester ses parents, les maudire, mais aussi regretter, comprendre, compatir. Combien de randonnées solitaires débuteront avec rage, combien de vaisselles seront curées les larmes aux yeux... Et puis, peu à peu, les mâchoires se desserrent, les larmes sèchent, la vie revient. Le deuil fait son chemin. L'accès au pardon commence à se dégager. Le pardon peut être médité ; il peut surgir à l'improviste. Marauder ainsi un pardon au ressentiment, c'est comme faire travailler la « jachère », selon la belle expression de Masud Khan [1]. En effet, aucune magie ne vient ensorceler la victime et lui faire oublier ce qu'elle a subi. Les reproches ne s'éteignent pas avec le temps, le parent criminel ne se transforme pas en doux vieillard paisible ou en bon ange gardien inoffensif par le charme d'un tour au cimetière. La jachère est une terre labou-

1. Masud Khan, « Être en jachère, examen d'un aspect du loisir », trad. F. Latraverse, *in* « D.W. Winnicott », *L'Arc* n° 69, Duponchelle, 1990, p. 52.

rable qu'on laisse temporairement reposer en ne lui faisant pas porter de récolte. De même, l'esprit de celui qui va vers le pardon en passant par la vaisselle, l'écriture ou la marche consent à laisser provisoirement sa rancune, après l'avoir acceptée. Puis il y revient. Il admet de lâcher prise, puis rêve et se souvient. Avec insistance, il chantonne sa douloureuse mélodie personnelle.

Le pardon filial est un art difficile. En passant par l'espace transitionnel de la créativité qui met en jachère colère et clémence, il permet toutefois de prendre le temps d'un inventaire qui accepte l'incertitude et les non-dits. Plus encore, il contraint parfois à regarder ailleurs et même à pardonner ailleurs, en particulier lorsque les parents sont encore vivants et dangereux, et qu'il y aurait tout à craindre d'un choc frontal. Comment ne pas penser aux Pléiades, cette constellation céleste qu'on ne voit bien qu'en regardant à côté. Si on la fixe, on ne distingue rien. Il en est parfois de même pour celui qu'habite la nécessité d'un pardon que ses parents sont loin de pouvoir recevoir. Leur pardonner malgré eux ? Pourquoi pas ?

Carmen raconte : « Moi, c'était les bougies, les petits cierges qu'on met dans les églises. Tous les jours, en revenant du travail, je m'arrêtais à l'église et j'en brûlais un. Je regardais la Vierge et je pensais qu'elle avait drôlement souffert. Et puis, un jour, j'ai acheté des petites bougies et j'en ai allumé une chez moi. Après cela, je ne suis plus allée à l'église, je m'allumais ma bougie même pour regarder la télé. Quand j'ai pris conscience que j'allais mieux, que je commençais à faire des projets, je me suis sentie plus forte, et j'ai pris mon téléphone pour appeler ma mère... Ce fut terrible. J'ai raccroché. Je crois que je n'en ai pas fini avec les petites bougies... Pourtant, j'ai besoin de faire la paix avec ma mère, même si celle-ci n'est pas prête. Mon pardon ne passera pas par une réconciliation, c'est certain, mais je crois qu'il fait son chemin en moi. »

Carmen ne veut pas témoigner sur ce qui l'oppose à sa mère. Son petit rituel montre toutefois qu'on peut parfois pardonner de façon très indirecte. Elle accroche son pardon dans la discrète transcendance d'une foi qui ressemble peut-être à de la superstition mais qui lui donne le sentiment de ne pas être toute seule face à celle qui la tourmente ou face à son tourment. Encore quelques bougies, et elle aura peut-être acquis assez de force pour affronter une nouvelle salve de reproches de la part de sa mère. Celui qui se trouve pris dans les mailles d'un dialogue impossible avec ses parents doit s'inventer un lieu pour rêver – au sens actif que lui donne Winnicott – et se donner les moyens thérapeutiques, spirituels ou artistiques d'une autre approche du pardon. Il lui faut s'inventer ses propres Pléiades.

Le geste, à lui seul, ne donne pas la clé du mystère. Chacun habite sa propre maison et personne ne peut deviner comment son voisin occupe la sienne. Ce n'est ni le lieu géographique ni l'objet qui est transitionnel, disait Winnicott, c'est l'usage qu'on en fait. On peut s'agenouiller régulièrement devant un autel ou une statue et n'en obtenir aucun réconfort. On peut tricoter obstinément des dizaines de pulls sans trouver la paix, faire avec acharnement prières, pèlerinages, bricolage, s'imposer mortifications ou vaisselle sans aucun résultat intime. On peut en revanche trouver le pardon au détour d'un chemin qui menait ailleurs.

Le pardon qu'on donne, c'est le pardon qu'on se donne. Le temps du pardon vient, pour qui le cherche, après le passage de la fureur et de la peine, au moment où il convient de se réconcilier avec soi-même. Pardonner à ses parents est une œuvre singulière où chacun joue son histoire, son passé et sa liberté, sur un mode qui lui appartient.

CONCLUSION

Le temps ne fait rien à l'affaire : rien ne peut défaire ce qui a été fait, donner ce qui n'a pas été donné, dire ce qui n'a pas été dit. Vétilles ou infamies, il n'y aucune possibilité d'annuler les erreurs ou les blessures. Ainsi, le pardon semble la démarche la plus prometteuse pour qui refuse l'oubli et qui ne veut pas porter plus loin la rancune. Il promet l'apaisement personnel et la pacification familiale, et participe de la construction générationnelle. Aventure singulière de celui qui veut pouvoir regarder son passé et bâtir son avenir, il participe de la dignité des valeurs humaines.

On peut pardonner aux vivants, on peut pardonner aux morts. On peut le leur faire savoir, ou le garder pour soi. L'important est que la pensée se libère et que la vie revienne. Don de paix que chacun peut s'accorder et accorder à ses parents, le pardon est un don que les générations accordent aux générations. C'est l'acte de réconciliation avec soi-même qui surgit souvent au cœur de la maturité, quand l'adulte se pose la question de sa place dans la transmission familiale, sa place d'enfant, de fils vis-à-vis de son père ou vis-à-vis de sa mère, de fille vis-à-vis de son père ou vis-à-vis de sa mère.

Ces positions sont-elles identiques au regard du pardon filial ? Non. Le pardon au père est plus malaisé pour le fils que pour la fille. Comment expliquer ce phénomène ?

La relation des fils à leur père est des plus délicates à aborder, surtout par le témoignage. Rares sont les hommes qui s'expriment spontanément sur ce sujet.

Pour devenir un homme lui-même, le fils doit trouver sa voix singulière tout en accordant à son père le bénéfice du doute. Il en sait si peu sur celui qu'il aime ou qu'il craint avec tant de pudeur dans le vocabulaire que de parcimonie dans les sentiments. Pour pardonner, avons-nous dit, il faut pouvoir reprocher. Pour reprocher, il faut pouvoir penser. Or, la relation du fils au père se formule dans une économie d'affects qui en rend le décryptage délicat. Par ailleurs, il est difficile à un homme de porter un jugement et d'émettre des critiques sur son père sans remettre en cause tout l'édifice social qui construit l'identité culturelle masculine comme modèle général d'humanité. En mettant son père en cause, le fils interroge son statut plus encore que ses sentiments.

Les filles, plus habiles à énoncer le reproche, plus actives à diligenter le pardon, s'expriment beaucoup plus sur le sujet : c'est d'amour qu'elles souffrent et par amour qu'elles pardonnent. Leur place dans la filiation et dans la société rend leur vie souvent plus difficile mais leur charge symbolique parfois moins lourde. Elles peuvent vivre en formulant des griefs, même violents, à leur père, sans perdre leur identité sociale. En mettant le père en cause, leur statut d'être humain souffre moins que leurs sentiments.

Le pardon à la mère semble plus facile : pour le fils qui lui reproche peu de chose comme pour la fille qui ne lui ménage pas sa véhémence. Tout se passe comme si, en deçà des schémas identificatoires nécessaires à la fille et au garçon pour devenir une femme ou un homme, une forme d'attachement à une matrice vitale devait se maintenir. La mère œdipienne n'est pas parfaite : nous avons vu qu'on lui reproche beaucoup et qu'on lui pardonne souvent.

Quant à la mère archaïque, trop profondément ancrée dans l'origine même de notre existence d'enfant, elle est hors d'atteinte consciente. Sans reproche, donc, la niche placentaire ? Serions-nous donc enclins à pardonner au ventre et aux bras qui nous ont porté, qui nous ont nourri, pour nous pardonner à nous-même notre existence ?

Dans le pardon réside l'espoir que la force pacificatrice et créatrice combatte les peurs, les haines et les ressentiments générateurs de monstres. Pour cela, pour chacun de nous, il n'est jamais trop tard. Mais, justement, puisqu'il n'est jamais trop tard, pourquoi se presser ? Pourquoi ne pas prendre le temps de mûrir la question que pose sa filiation à chacun de nous ? Le pardon qui apaise prend le temps de venir. Il n'est pas le geste las du vaincu qui se voit contraint de refouler sa rage ; il n'est pas l'acte conformiste qui se soumet aux conventions ; il n'est pas l'absolution aveugle qui craint la vérité. Il est l'acte créateur de paix de celui qui accepte sa charge d'humanité et la transforme. Passage obligé pour qui cherche une paix personnelle et familiale lucide, pour qui veut transmettre son histoire, pour qui assume la charge de son humaine condition. Celui qui pardonne est le passeur qui transforme la faute en fait, qui lui ôte son potentiel de destruction, sans l'annuler mais au contraire en l'intégrant dans l'Histoire. Le pardon filial fait du passage générationnel une occasion de transmutation du mal et des manquements humains en promesse de liberté et de paix. Il transforme le mal en promesse de vie. Il libère l'enfant devenu adulte du passé de ses parents et offre à ses propres enfants un avenir. Le pardon filial dénoue les entraves de la passion familiale. Il promet la paix à celui qui pardonne et une plus grande liberté à ses propres enfants. Il libère l'homme et renforce l'humanité.

Ainsi, comme le souligne Hannah Arendt, pardon et promesse sont liés : « Si nous n'étions pardonnés, délivrés des conséquences de ce que nous avons fait, notre capacité d'agir serait comme toute refermée dans un acte unique dont nous ne pourrions jamais nous relever. Si nous n'étions liés par des promesses, nous serions incapables de conserver nos identités ; nous serions condamnés à errer sans force et sans but [1]... »

Le pardon qu'on accorde à nos parents est une promesse faite à nos enfants.

1. Hannah Arendt, *Condition de l'homme moderne*, trad. G. Fradier, Pocket, coll. « Agora », 1992, p. 302.

Cet ouvrage a été réalisé par la
SOCIÉTÉ NOUVELLE FIRMIN-DIDOT
Mesnil-sur-l'Estrée
pour le compte des Éditions de la Martinière
en juin 2001

Imprimé en France
Dépôt légal : mai 2001
N° d'impression : 55998